**상대방이 절대
거절하지 못하는
대화법**

상대방이 절대 거절하지 못하는 대화법

앤 딕슨(Anne Dickson) 지음 | 이미숙 옮김

징검다리

DIFFICULT CONVERSATIONS
By Anne Dickson
Copyright ⓒ 2004 PIATKUS BOOKS
All rights reserved.

All rights reserved. No part of this book may be reproduced or transmitted in any form or by any means, electronic or mechanical, including photocopying, recording or by any information storage retrieval system, without permission from Piatkus books.

KOREAN language edition published by JINGGUMDARI., Copyright ⓒ 2006
KOREAN translation rights arranged with Piatkus books, through ENTERSKOREA CO., LTD., SEOUL KOREA

이 책의 한국어판 저작권은 (주)엔터스코리아(EntersKorea Co. Ltd)를 통한 Piatkus Books와의 독점 계약으로 도서출판 징검다리가 소유합니다.
신 저작권법에 의하여 한국 내에서 보호를 받는 저작물이므로 무단전재와 무단복제를 금합니다.

이 책에 실린 지침은 여러분이 대립의 강 앞에 서서
'어떻게 안전하게 건널까' 라고
생각할 때 문득 발견하는 디딤돌과 같다.

머리말

몇 년 전 나는 큰 병원의 여성관리자 교육 프로그램에 참여한 적이 있다. 그 병원은 같은 도시에 있는 비슷한 규모의 병원과 합병을 추진하고 있었다. 그 프로그램에서는 3주에 한 번 모임을 가졌는데 네 번째 모임이 열리던 날, 참석자 모두 충격을 받고 당황스러워하고 있었다. 이 프로그램의 책임자인 인사 부장, 페니가 그 날 아침 해고당했기 때문이었다.

회사는 해고사실을 페니에게 어떻게 전달했을까? 평소와 다름없이 출근해서 사무실에 들어선 페니는 자신의 책상이 사라지고 서랍 속에 있던 물건이 바닥에 쌓여있는 모습을 발견했다. 직속상관에게 전화를 걸어 어떻게 된 일인지 알아보려 했지만 그는 자리에 없었다! 그의 비서의 말을 통해 사태를 짐작할 수 있었지만 공식적인 통보는 전혀 없었다.

이런 충격 작전은 흔히 볼 수 있다.

이를테면, 전자우편이나 간단한 문서를 통해 계약 파기를 알리거나 휴가 중에 직원을 해고하거나 혹은 페니의 경우처럼 책상을 없애버림으로써 간접적으로 해고사실을 알린다.

여러 조직의 문화가 이 같이 가혹한 행위를 조장한다. 이런 문화의 특징은 솔직한 대화를 피하고 구성원을 한 인간으로 대하는 배려가 전혀 없다는 점이다. 사람들을 거대한 기계의 부품처럼 다루며 고용하고, 해고하고, 이용하며 학대하고, 소유하고, 폐기한다. 직원을 동등한 인간으로 대하려면 일차원적인 부품이 아니라 욕구와 의견, 감정과 감각을 지닌 인격체로 대해야 한다.

직장 뿐 아니라 일상생활에서도 솔직한 대화를 피하는 이런 경향이 하나의 관습으로 자리 잡았다. 이는 모든 인간관계에서 의사소통을 가로막는 여러 걸림돌 가운데 하나이다. 사람들은 가족, 친구, 친지들의 행동에 대해 험담하고 불평하면서도 그 사람에게 직접 이야기하지 않는다. 왜 그럴까? 말다툼을 벌이거나 상대의 감성을 상하게 하기를 원치 않으며 무엇보다 본인이 솔직하게 이야기하는 것을 두려워하기 때문이다. 성격도 취향도 살아온 방식도 서로 다른 사람들과 만나 부대끼며 살아가다 보면 종종 상대에게 불편하고 섭섭하며, 어색한 감정을 느끼기도 한다. 심지이는 상대에게 분개하면서도 문제를 일으킬까봐 솔직히 말하지 못하고 불만을 쌓아 놓는다.

인생을 살아가면서 어느 순간 우리는 솔직하게 이야기해야 할 어려운 상황에 직면한다. 이를테면 상대가 상처를 받을까봐 걱정하면서 부모님께 크리스마스에 집에 가지 못한다고 말하거나, 친구나 친척에게 늘 같이 가던 휴가를 가고 싶지 않다고 말하거나 혹은 늘 아내의 말을 일축해버리는 남편에게 그의 난폭운전을 싫어한다고 말해야 할 경우가 있다.

같이 사는 남자친구와 가장 절친한 친구가 6개월 동안 함께 지내게 해달라고 할 경우 남자친구에게 그러고 싶지 않다는 뜻을 어떻게 전할지 고민하는 여자친구가 있는가하면 아이들이 자기 방을 청소하거나 집안일을 도우라는 요구를 따르지 않아 어찌할 바를 모르는 부모가 있다. 또한 목표를 달성하지 못한 부서원에게 해고당할 각오를 하라고 어떻게 말할지 난감해하는 판매부장, 상사에게 대화방식을 개선해달라고 요구할 방법을 궁리하는 부하직원이 있을 수 있다.

어떤 이유 때문이든 상대와 이야기하기 껄끄러운 주제를 언급할 때 우리는 항상 고심한다. 유능한 의사라도 환자나 그 가족에게 불치병에 걸렸다는 소식을 전하는 일에 서툰 경우가 있다. 자신의 전달방식이 부하 직원에게 상처를 주거나 매우 부정적인 결과를 초래한다는 사실을 깨닫지 못하고 부하직원을 비난하는 상사도 있다. 우리는 이따금 자신을 화나게 하는 상대의 행동방식에 어떻게 대처해야 할지 몰라 난감해 한다. 나는 자신도 모르는 사이에 거들먹거리거나 우월감을 가지고 파트너, 부모, 자녀, 혹은 친구들을 비난하고 예기치 못한 반격에 아연실색하는 사람들을 많이 보았다.

상황이 악화되고 불쾌한 말들이 오가며 며칠, 몇 주 동안 서로 반목하거나 이따금 관계가 단절되기도 한다. 따라서 우리는 당연히 갈등을 일으키는 상황, 즉 대립을 두려워한다. 사람들은 흔히 솔직하게 말하면 말다툼이 벌어질 거라고 생각하며 말다툼 때문에 일어날 감정적, 육체적 스트레스를 피하려 한다.

그래서 결국 침묵을 지키면서 상황을 조심스레 피하거나 분노와 상처를 숨기고 혹은 간접적으로 불평한다. 솔직하게 말하지 않고 자신이 원하는 바를 얻기 위해 다른 사람들을 교묘하게 조종한다. 솔직히 말하고 행동하지 못하는 자신을 불만스러워하거나 상대에게 투덜대고 잔소리한다. 그러다 한계에 다다르면 결국 참지 못하고 상대를 공격한다.

일상생활이나 직장에서 사람들은 흔히 자신의 견해를 전달하기 위해 어쩔 수 없이(직접, 간접적으로) 공격적인 태도를 취한다. 그들은 대개 언성만 높이기 때문에 상대를 공격하고 있다고 전혀 생각하지 않는다. 하지만 공격이란 상대를 배려하지 않고 그들의 영역을 침해하거나 말과 행동으로 상처를 주는 모든 행위를 뜻한다.

우리는 대부분 말로써 다른 사람에게 상처를 입혔던 경우를 기억하고 '그러지 말 걸' 하며 후회한다. 우리가 천성적으로 다른 사람들을 고통스럽게 하는 가학적인 행동을 즐기기 때문에 상처를 주는 것은 아니다. 단지 자신을 방어하기 위해 늘어놓는 이야기가 상대에게는 공격이 되며 '교양 있는' 대화가 쉽게 싸움으로 이어진다. 사람들은 대개 자신을 유능한 싸움꾼이라고 생각지 않으며 싸움을 달가워하지도 않는다. 물론 끊임없이 상대를 공격하고 싸우면서 발전하는 사람도 있지만 대부분의 사람들은 싸움이란 심신을 지치게 하는 불쾌한 일로 여긴다.

싸움을 벌이고 싶지 않다면 어떤 방식을 택할 수 있을까? 불쾌한 결과가 나올지도 모른다고 각오하고 솔직히 자신의 뜻을 밝힐 수도 있고, 현재 상황을 부정하고 마치 아무 일 없는 듯 외면하며 침묵을 지킬 수 있다.

혹은 다른 대화법을 배울 수 있다. 즉 진정한 자신감과 평등을 기초로 대화하는 방식을 익히는 것이다. 상대를 벌주지 않고 솔직하게 말할 자신감, 싸움을 벌이지 않고 자신의 생각과 감정을 전달하는 능력, 상대의 협력을 이끌어내는 능력, 불평하지 않고 제 시간에 임무를 다하는 능력이 있다면 어떨지 생각해보라.

 이는 동화의 나라에서나 가능한 일이 아니다. 지난 20년 동안 나는 사람들에게 위와 같은 여러 가지 특별한 기술을 가르쳤다. 모두 놀랍고 간단하며 효과적이지만 이 기술을 익히려면 먼저 정신적 태도를 바꿔야 한다. 또한 오랜 습관과 잘못된 생각을 버리고 새로운 방식을 찾기 위해 노력해야 한다.

 이 방식의 핵심은 상대를 동등한 인간으로 보려는 태도와 개인적인 힘이다. 개인적인 힘이란 진정한 자신감, 즉 다른 사람에게 보여주려는 자신감이 아니라 자기 신뢰와 정직을 바탕으로 한 자신감을 가지고 인간관계를 맺는 것을 의미한다. 이 과정에서 가장 힘든 과제는 상대를 공격하지 않겠다고 결심하는 일이다. 이 책은 실제상황에서 싸움을 벌이지 않고 사랑하는 상대에게 자신의 감정을 좀더 정직하게 표현하는 법을 제시한다. 이 책에서 여러분은 처벌받지 않고 윗사람을 비난하거나 분노를 사지 않고 아랫사람과 대립하는 법을 배운다. 또한 상대에게 하기 어려운 말이나 요구를 전하는 새로운 방식을 발견할 수 있다.

 이 방식의 여러 지침은 모든 인간관계에 적절히 이용할 수 있다. 이는 글이 아니라 전화를 통해서든 직접 만나든, 상대와 나누는 대화에 적용할 수 있다. 글로 쓸 경우에는 타당한 비판조차도 직접 말로 전할 경우보다 상대에게 훨씬 더 큰 충격을 줄 수 있다. 글에는 감정이 실리지 않으며 글을 읽을 때 상대의 목소리를 실제로 들을 수 없어서 오해할 가능성이 더 크기 때문이다.

전자우편은 쉽고 빠르며 편리하지만 상대의 반응을 피하기 위한 방편으로 악용될 소지가 있다. 전자우편으로 중요한 정보나 비난을 전할 경우 상대는 효과적으로 반응할 방법이 없기 때문에 더욱 큰 상처를 입는다. 그래서 책임을 회피하는 편리한 방법으로 전자우편을 이용하는 경우가 있다.

이런 상호 교류는 모두 사적인 관계로 공적으로 일어나서는 안 된다. 공적인 상황에서는 비판하는 사람이 우위를 점하기 때문에 평등한 관계란 있을 수 없다. 비판의 내용이 아무리 타당성이 있고 침착한 목소리로 그것을 전달한다 해도 상대는 비난받는다고 느끼고 그에 상응하는 반응을 보이기 마련이다.

이 책은 대다수 사람들이 피하고 싶어 하는 솔직한 대화에 초점을 맞춘다. 자녀, 부모, 친구, 상사, 부하직원, 이웃, 동료, 파트너 등에게 하기 어려운 말이 있을 때 이 책이 여러분의 지침이 될 것이다. 즉 공격적인 태도를 취하지 않고 대화를 나누며 상대를 억압하지 않고 권위를 지키는 지침을

… 쉽고 빠르며 편리한

제공한다. 더욱 효과적이고 분명한 대화를 나누는 법을 익히면 관계를 해치지 않고 솔직하게 자신의 뜻을 전할 수 있다.

차례

머리말

1 이론

1장 내가 승리할까? 패배할까?　18
2장 힘에 대한 일반적인 정의　26
3장 수직적인 힘의 특징　36
4장 개인적인 힘　42
5장 공격적인 태도 버리기　49
6장 새로운 방식　54
7장 수직적인 힘과 개인적인 힘 결합하기　75

2 실전

8장 실전에 이론 적용하기　86
9장 대화하기　95

10장 비난하고 싶은 욕구에서 벗어나기　110
11장 통고하기　127
12장 직장에서 권위 행사하기　144
13장 적인가, 평등한 인간인가?　154
14장 인간관계의 평등　167
15장 솔직하게 말할 용기 가지기　181
16장 사랑에도 한계가 있다　192
17장 금기사항에 대해 언급하기　201
18장 작은 발걸음　224
19장 차별에 대처하기　237
20장 거절　250
21장 개인적인 힘의 습관　264

 발전

22장 일상생활의 선택　270
23장 고맙다고 말하기　281
24장 결론　288

Part 1

The theory 이론

1장

내가 승리할까? 패배할까?

무엇이 대화를 '어렵게' 만드는가? 우리는 모두 성(性)이나 돈과 같은 주제의 대화가 어렵다고 여긴다. 하지만 이런 특정 주제로 대화를 하는 것은 그다지 어렵지 않다. 대화가 어려워지는 대부분의 이유는 대화를 하다보면 어떤 '문제'가 생길 것이라고 지레짐작하기 때문이다. 우리는 자신이 한 말에 다른 사람이 반대하고 적대감을 느끼거나 혹은 실망하거나 상처받으며 우리와 상대의 욕구가 어쩔 수 없이 충돌하리라고 예상한다. 이 때 마음속에서는 어떤 과정이 시작된다.

민감한 주제를 제기하거나 다른 사람을 비판하려고 할 때마다 우리는 그것이 초래할 결과를 먼저 걱정한다. 과연 효과가 있을까? 내 말을 들어 줄까? 우리 관계에 어떤 영향을 끼칠까? 나를 어떻게 생각할까? 문제를 더 어렵게 만드는 것은 아닐까? 욕을 먹지는 않을까?

이렇듯 우리는 자신과 상대의 관계를 바탕으로 머릿속으로 온갖 상황을 상상한다. 유리한 결과가 일어날 가능성을 가늠하며 대화할 가치가 있는지 판단한다. 상대와 대립할 수도 있다고 생각되면 금세 불안해하며 상황을 단 두 가지 결과, 즉 승리 혹은 패배로만 평가한다. 그런 다음 '힘'을 기준으로 유리한 결과(승리)를 얻을 확률을 따져본다.

이는 우리가 깨닫지 못하지만 실제로 일어나는 과정이며 결국 우리의 태도와 행동으로 나타난다. 상대와 대립하거나 불편한 사람과 대화해야 한다고 생각하면 온갖 걱정과 의심이 생기고 이것 때문에 상대와 솔직히 대화를 나누지 못한다.

다음 중 몇 가지 걱정을 하는지 살펴보자.

- ✖ 그들이 심술을 부릴 거야
- ✖ 기분 나빠할 거야
- ✖ 날 꾸짖겠지
- ✖ 상사에게 그런 말은 못해

- 화를 낼 거야
- 내가 틀렸을지도 몰라
- 그녀가 이제 날 좋아하지 않을 거야
- 반대가 만만치 않을 걸
- 그가 결국 내게 고함을 질러대겠지
- 사람들이 듣지도 않을 테니 말해봐야 소용없어.

혹은 이렇게 걱정하지 않는가?

- 그 사람도 어쩔 수 없어
- 완벽한 사람은 없어… 모두 결점이 있잖아?
- 그는 지금 상황이 너무 어려워
- 그는 너무 나이가 많아서 그런 말은 못할 거야
- 그녀는 너무 어리고 경험이 없어
- 그는 능력이 부족해.
- 저 여자는 철이 없어
- 그는 너무 나약해
- 그들은 끝장났어
- 정말 안 됐지?

이 두 목록을 보면 우리가 자신과 상대의 관계를 어떻게 판단하는지를 알 수 있다. 첫 번째 목록의 경우 상대가 자신보다 더 유력하다고 생각하므로 대화가 실패할 것이라고 예상한다. 상대가 경청하지 않고 자신을 싫어하며 보복할까봐 두려워한다.

두 번째 목록은 반대이다. 상대보다 자신이 더 유력하다고 생각하며 대체로 자신이 원하는 바를 상대가 충족시킬 능력이 없다고 걱정한다. 상대는 이해력이나 변화할 능력이 없는 무능력한 존재이므로 말할 필요조차 없다고 자신도 모르게 판단하며 우월감을 느낀다.

두 목록을 다시 읽고 자신이 상대를 우러러보며 '저자세'를 취하는지 아니면 상대를 깔보며 '고자세'를 취하는지 살펴보라.

누구나 흔히 이런 걱정을 하고, 이 때문에 문제에 직접 부딪쳐 해결하지 못한다. 우리는 자신의 말을 상대가 경청하지 않거나 벌을 줄 것이라고 믿는다. 언제나 상대가 자신을 공격하리란 생각에 긴장한 나머지 솔직히 이야기하고 싶어도 그러지 못한다. 왜 상대가 반드시 자신을 공격하리라고 생각하는가?

앞서 말했듯이 충돌을 예상하고 문제가 생길 것이라며 지레짐작하기 때문에 대화가 어려워진다. 우리는 이런 대화를 대립, 즉 두 가지 상반된 관점, 욕구, 감정의 만남이라고 일킨다. 상대가 우리의 말을 듣고 기분 나빠할 것이라고 생각하면서 그를 비난하거나 나쁜 소식을 전하는 경우도 대립이라 할 수 있다. 다른 사람과 대립해야 할 상황에 처하면 불안해하며 어떤 결과가 일어나리라고 예상한다. 지금껏 직접, 간접적으로 경험한 사실이 이런 예상에 영향을 끼친다. 과거의 경험을 통해 대립이 곧 공격을 의미한다고 여기며 다른 가능성은 전혀 생각지 않는다.

상대와 대립할까봐 불안해하는 이유는 잠재의식 속에서 대립을 무기와 연관 짓기 때문이다. 물론 대립과 비난은 공격을 의미하며, 그것은 이따금 감정적, 육체적으로 돌이킬 수 없는 해를 끼친다. 정도의 차이는 있겠으나 이런 경험은 어른이든지 아이든지 간에 누구나 한다. 그러므로 자신이 권위 있는 자리에 있거나 어느 정도 유력한 인물이라고 느낄 때 단도직입적으로 이야기하면 상대가 상처를 입을 것이라고 걱정한다. 반면 '낮은' 위치에 있거나 무력한 존재라고 생각하면 자신의 안전과 생존에 대해 두려움을 느낀다. 혹은 비난이 상처를 입힐 가능성은 있지만 반드시 그렇지는 않다는 사실을 깨달으면 몹시 놀라거나 안도감을 느낀다. 앞으로 살펴보겠지만, 이는 메시지를 전달하는 방식이나 상황에 따라 달라진다.

강타(sledgehammer)

비난과 공격을 구분하고 상대에게 메시지를 전달하기 위한 다른 방식을 배우기 전에 우선 모든 영역에서 이용되는 방식을 확인해보자. 사람들은 대개 무겁고 위협적이며 혹은 상대에게 상처를 입히거나 학대하는 대립에 의존한다. 나는 이를 '강타'라고 부른다. 이 방식은 흔히 '치고 달리기(hit and run)' 전략을 이용한다. 즉 상대가 거의 예상하지 못할 때 메시지를 전달한 뒤 바로 사라져 골칫거리를 피하는 것이다. 이 전략을 이용할 때 항상 시끌벅적하게 소란을 떨 필요는 없다. 이를테면 해고되었다는 사실을 알리기 위해 그 사람의 책상을 치우는 경우 소란 피우지 않고 메시지를 명확히 전달할 수 있다. 부드럽게 미소를 지으며 달콤한 목소리로 메시지를 전달하는 방법으로도 목소리를 높여 장황한 이야기를 늘어놓는 방법만큼 훌륭한 결과를 얻을 수 있다.

모호한 태도(pussyfoot)

강타 방식을 의식하고 그렇게 보일까봐 두려운 나머지 솔직히 이야기하거나 문제에 직접 부딪치지 않는 경우가 있다. 이것이 모호한 태도다. 직접 문제에 부딪쳐 골칫거리를 만들거나 풍파를 일으키지 않으려고 변죽만 울린다. 문제의 원인을 넌지시 비치면서 상대가 알아서 잘못을 고치고 문제를 해결하도록 에둘러 말한다.

모호한 태도는 감정이 계속 쌓일 경우 강타로 연결된다. 말할까말까 망설이면서 하고 싶은 말을 하지 못하면 이른바 '자갈(pebbles)'이 쌓이게 된다. 즉 분노, 짜증, 상처, 불안 등이 쌓이는 것이다. 이 자갈 더미는 시간이 가면서 더욱 높이 쌓인다. 이따금 커다란 돌덩이, 심지어 바위라고 할 만한 사건이 일어나면서 더미는 더욱 커진다. 그러다 더 이상 쌓일 수 없을 만큼 커지면 마침내 작은(혹은 큰) 산사태가 일어난다. 따라서 모호한 태도는 항상 강타로 이어진다.

친구가 점심 약속에 처음으로 늦었다면 좀 짜증스러워도 그냥 넘어간다. 두 번째 늦었을 경우 좀 더 불쾌해지지만 그래도 아무 말 하지 않는다. 하지만 세 번째 늦는 경우 상황은 달라진다. 급기야 화가 나기 시작해서 시간이 흐름에 따라 점점 분노한다. 마침내 친구가 도착하면 말을 아끼며 퉁명스럽게 대한다. 친구가 왜 그리 퉁명스럽냐고 묻자 어깨를 으쓱거리며 "별 일 아냐, 호르몬 탓이겠지"라고 얼버무린다. 친구가 네 번째로 늦을 경우 여러분은 기다리는 동안 시간을 체크하면서 결판을 낼 채비를 한다. 늘 그랬듯이 친구가 입에 발린 사과를 하면서 여러분의 화를 풀어보려고 한다. 친구는 어떻게든 상황을 무마하기 위해 늘 그랬듯이 입에 발린 사과를 하면서 여러분을 달래려고 애쓴다. 하지만 여러분은 결국 몇 주 동안 참았던 분노를 터뜨린다.

이런 상황이 닥치면 달리 대처할 방법을 알지 못해 우리는 대개 강타(sledgehammer)를 이용한다. 그동안 쌓인 분노를 터트릴 수밖에 없을 지경에 이르면 우리는 자신이 생각하기에 너무나 '당연히' 상대에게 화를 낸다. 목소리를 높이든, 낮추든 혹은 직접적이든 간접적이든 쉽게 공격적인 태도를 취한다. 오랫동안 쌓인 상처를 들춰보며 자신을 고통스럽게 만든 상대를 비난한다. 또한 자신이 느꼈던 고통을 상대가 느끼도록 복수하기 위해 그의 허점을 찾으려 애쓴다. 즉 이 싸움에서 승리자가 되기 위해 할 수 있는 일이라면 무엇이든 한다.

다음 장에서 이 전통적인 두 가지 방법을 쓰지 않고 자신의 감정을 솔직히 이야기하고 비판적인 시각을 유지하는 법 혹은 갈등 없이 상황을 수습하는 법을 살펴본다. 그동안 우리는 솔직한 대화는 서로에게 해롭다고 두려워했다. 따라서 효과적인 대화법을 살펴보기 전에 이런 두려움의 원인과 힘의 본성에 대해 이해하도록 한다.

2장

힘에 대한 일반적인 정의

우리는 힘의 구조 안에서 산다. 이 구조에 너무나 익숙해서 그 존재를 당연하게 여긴다. 힘의 구조는 마치 공기처럼 눈에 보이지 않지만 늘 우리 주변에서 인간관계를 지배한다. 다른 사람에 대한 시각과 감정, 그리고 그들과 상호 작용하는 방식에 영향을 끼친다.

수직적인 힘

힘의 수직구조는 사다리와 같다. 사다리에서는 오직 직선으로, 즉 위아래로만 움직일 수 있으며 사다리의 각 칸은 특정 시기에 어떤 사람이 지닌 힘의 정도를 나타낸다.

이 구조가 명백히 드러나는 곳은 직장이다. 직함을 보면 직장구조에서 그 사람이 차지하는 힘의 위치를 확실히 알 수 있다. 즉 사다리에서 누가 여러분보다 높거나 낮은지 혹은 같은 위치에 있는지 알 수 있다. 힘은 봉급, 특전, 책상 크기, 부하직원의 수와 다른 도구를 기준으로 측정된다. 실제로 그렇지 않을 경우도 있지만 책임이 더 막중한 사람이 이런 요소를 갖추기 때문이다.

사실 수직적인 사다리 구조는 인생의 모든 영역에 존재한다. 의식적으로, 혹은 무의식적으로 우리는 자신의 상대적인 힘과 위치를 끊임없이 평가한다. 언제나 수직적인 척도로 측정되는 이 힘을 수직적인 힘이라고 부른다.

수직적인 힘은 어디에서 오는가? 수직적인 힘의 원천은 정당한 힘, 자원, 전문지식, 카리스마 등의 네 범주로 나눌 수 있다.

정당한 힘

정당한 힘이란 특정문화권의 법률이나 사회제도가 부여하는 힘을 말한다. 왕국의 왕, 부모, 부서 관리자, 교사의 힘은 전문적이고 사회적인 역할에서 비롯된다. 이 힘은 특정 인물의 일이나 역할, 이를테면 가장, 팀의 주장, 위원회장 등에 수반되는 지위와 책임을 뜻한다. 사람은 누구나 이런 힘을 다른 사람에게 행사하거나 다른 사람의 힘에 좌우된다.

자원

힘은 소유한 자원, 혹은 적어도 접할 수 있는 자원에서 생긴다. 즉 어떤 자원을 가진 사람은 그렇지 못한 사람보다 큰 힘을 소유한다. 자원에는 석유, 물, 다이아몬드와 같은 천연자원뿐만 아니라 재정적인 부를 비롯해서 무기, 중요한 정보 등이 포함된다. 개인전용 제트기를 보유한 경영인, 멋진 차를 소유한 청소년, 멋진 도시락을 가진 어린아이는 다른 사람에 비해 큰 힘이 있다. 이런 종류의 힘 역시 수직적인 기준으로 측정되며, 무언가 가지고 있을 때 유력해지고 그렇지 않으면 무력한 존재가 된다.

전문지식

다른 사람들에게는 없는 지식이나 기술을 갖추었다면, 큰 힘을 가질 수 있다. 이를테면 여러 사람이 함께 길을 잃었을 때 혼자만 돌아가는 길을 알고 있거나, 다른 사람이 알지 못하는 사실을 자세히 설명할 수 있거나, 현재 필요한 전문지식을 갖춘 사람은 그렇지 않은 사람보다 큰 힘을 가진다.

카리스마

절대적인 부나 정당한 힘보다 정의하기가 어렵지만 카리스마는 수직적인 힘의 중요한 요소 가운데 하나다. 카리스마는 매력, 도덕성이나 성스러움, 다른 사람에게 깊은 인상을 주는 특징에서 비롯된다. 상품을 과대광고하거나 스포츠, 연극, 영화계의 스타를 실제보다 더욱 매력적으로 보이게 만드는 경우처럼 카리스마를 인위적으로 만들 수도 있다.

어떤 경우든 카리스마는 특정인물의 외모, 행동 혹은 업적을 모방하려고 애쓰는 사람들에게 강력한 힘을 행사한다. 사람들은 카리스마를 지닌 사람처럼 옷을 입고, 요리하고, 노래하며 그와 같은 모습으로 비치기 위해 애쓴다. 더 극단적인 경우 돈을 바치거나 지지투표를 던지며 그 사람을 추종하면서 산다.

사다리에서 바라본 풍경

힘의 수직 체계는 인간의 모든 상호작용에서, 특히 갈등을 해결하는 과정에 크게 영향을 끼친다. 우리가 거의 깨닫지 못하지만 이 체계는 공적, 사적으로 인간관계를 지배한다. 따라서 그 체계를 명확히 깨달아 그것이 우리에게 끼치는 영향을 이해해야 한다.

상대에게 행동방식을 바꾸라고 요구할 때 수직적인 힘을 기준점으로 이용한다면 어떤 일이 벌어질까?

우선 그 사람과 대립하는 일이 옳다(즉 높은 위치에 있다)고

믿어야 한다. 또한 대립이 전쟁과 같을 것이라고 생각하기 때문에 이기려면 더 높은 위치에 있어야 한다. 따라서 이런 경우 사람들은 항상 공격적인 태도를 취한다. 첫 번째 예를 살펴보자.

▶ 매기와 릭(Maggie and Rick)

매기는 열여덟 살 된 아들 릭에게 아침 식사 후 그릇을 식기세척기에 넣으라고 여러 차례 이야기했다. 하지만 어느 날 퇴근해서 집에 돌아왔을 때 그릇이 식탁 위에 그대로 남아 있는 모습을 발견한다. 매기는 두세 시간 동안 이 문제를 곰곰이 생각한다. 그렇다. 릭은 열여덟 살이지만 그녀의 아들이므로 엄마가 시키는 대로 해야 한다(아들이 이제 어린아이가 아니기 때문에 비록 그녀의 힘이 약해지기는 했지만 메리에게는 아직 부모로서 정당한 힘이 있다). 매기는 하루 종일 밖에서 다른 사람들을 위해 일하기 때문에 그렇게 요구할 권리가 있다(자신의 기준에 따라 자기합리화를 한다). 사실 매기는 여러 차례 그릇을 치우라고 말함으로써 잔소리꾼이란 비난을 받았다. 하지만 그녀는 자신이 시키는 대로 아들이 따라준다면 잔소리할 필요가 없다고 여긴다(매기는 잔소리꾼이라는 비난을 불만스럽게 여기며 자신의 '높은' 위치를 더욱 강조한다).

릭은 집에 돌아오자마자 엄마의 심기가 불편하다는 사실

을 느끼고는 왜 그러느냐고 묻는다.

매기 릭, 너 대체 왜 그러니. 온종일 일하다 돌아와 보니 그릇이 식탁에 그대로 널려 있더구나. (괴롭다는 표정을 짓는다.)
릭 (한숨을 쉬며) 또 시작이군. (부엌 문 쪽으로 향한다.)
매기 그렇게 피하지 마. 왜 내가 시키는 대로 안 하는 거니. 내가 수도 없이 말했잖아. (자신의 요구가 합당하다는 점을 내세우며 높은 위치를 이용해 강압적인 태도를 취하려 한다.)
릭 엄마, 그런 얘긴 이제 지겨워요. 엄마 잔소리를 도저히 참을 수가 없다고요.
매기 잔소리하는 게 아니야. (하지만 매기는 자신이 잔소리하고 있다는 사실을 알고 있다.) 난 엄마니까 집안일을 도우라고 요구할 권리가 있어. 이제 다 컸으니 나잇값을 해야지. (은근히 공격적인 태도를 취한다.)
릭 그릇 치우는 게 그렇게 큰일이에요? (엄마의 말에 동의하는 일은 패배를 의미하기 때문에 자신의 입장을 옹호하기 위해 애쓴다.) 깜빡 잊을 때도 있잖아요. 세상에는 설거지보다 훨씬 중요한 일이 많다구요. (엄마에게 복수하기 위해 공격한다.)

이렇게 말하고 나가버린다.
매기는 무력감을 느낀다. 싸움에서 진 것이다.

전투를 벌이지 않고 상대를 비난하거나 행동을 고치라고 말해야 하는 상황, 즉 대립을 피하기는 쉽지 않다. 상황을 전투처럼 생각하기 때문에 승리자와 패배자가 생기고 '공격'을 유일한 무기로 생각한다. 이는 우리가 수직적인 힘에만 의존하기 때문이다.

사다리 위에서 살다보면 패배자가 될까봐, 즉 낮은 위치로 떨어 질까봐 노심초사한다. 우리는 누구나 이따금 거절, 조롱, 따돌림, 위협, 무시 등을 당한다. 또한 가족, 선생님, 조직, 사회제도 등 상대가 누구든지 간에 수직적인 힘 때문에 무력함을 느끼는 상황을 피하지 못한다.

우리는 이런 경험을 기초로 대립에 대처할 방식을 결정한다. 대립이란 우리와 상대방 사이에 불화가 생길 것이라고 예상하는 모든 경우를 일컫는다. 이런 상황이 벌어지면 우리는 승리자가 되려고 공격적인 태도를 취하며 우월감을 무기로 상대의 공격에 반격한다. 안타깝게도 이런 경우 자신이 만든 정신적 함정에 빠져 상대의 관점을 인정하지 않는다. 위 사례에서 매기가 릭과의 관계를 전투라고 생각하고 공격 태세를 취하는 한, 어머니로서, 그리고 동등한 인간으로서 아들을 대하지 못할 것이다.

부모, 교사, 고용주로 사다리에서 높은 위치에 있을 때 우리는 이 위치를 이용해 상대를 비난하기 쉽다. 그렇게 하는 것이 우리의 임무이자 권리라고 생각하기 때문에 상대를 지배하고 명령하려 한다. 비판은 문제점을 상대에게 정확히 전달할 수 있다는 점에서 효과적이지만 항상 상대의 마음에 분노의 씨앗을 심는다.

안토니아와 잉그리드(Antonia and Ingrid)

안토니아가 어제 여느 때와 다름없이 7시에 퇴근했을 때 두 아들이 잘 준비를 하지 않았다는 사실을 발견했다. 그녀는 오페어걸(Au pair, 어떤 나라의 말을 배우기 위해 숙식 제공을 받고 가사를 돕는 외국 여자)인 잉그리드에게 이 점에 대해 한마디 하려고 한다. 안토니아는 직장을 다니며 집안을 돌보느라 몹시 피곤하고 스트레스를 느끼며 짜증스러워한다. 그녀는 자신이 잉그리드의 고용주이므로 불평할 권리가 있다고 생각한다. 안토니아는 잉그리드가 하는 일에 비해 많은 보수와 훌륭한 방을 제공받고 있으며 자신이 시키는 대로 하는 것이 잉그리드의 임무라고 여긴다. 불만스러운 여러 가지 일을 떠올리며 비난할 만한 충분한 근거를 확보한 안토니아는 다음날 출근 전에 한 마디 해야겠다고 결심한다.

다음 날 그들 모두 부엌에 모여 있다. 두 아들은 놀고 잉그리드는 아침을 준비하고 있으며 안토니아는 급히 커피를 마시고 있다.

안토니아 그런데, 잉그리드. 어제 집에 와보니 애들이 잠 잘 준비가 안 되었더군요. 당신이 할 일을 제대로 하지 않으면 내가 해야 할 일이 너무 많아져요. 무슨 말인지 알겠어요?

잉그리드 (미안한 어조로) 죄송합니다. 시간 가는 줄 몰랐어요.

안토니아 (언성을 높이며) 그걸 변명이라고 하세요? 댁은 돈 받고 일하는 거잖아요. 제대로 해줬으면 좋겠어요. 두 번 다시 이런 얘기 안 하게 해주세요.

잉그리드 제가 죄송하다고 말씀 드렸잖아요.

안토니아 (자신이 주도권을 쥐고 있다고 생각하고 자신의 권위를 강조하면서) 지난주에는 정원에 있는 장난감을 치우지 않았더군요. 적어도 그런 것쯤은 기억해야 한다고 생각하는데요. 근데 지금 토비에게 뭘 주는 거예요? 걔는 그 시리얼 먹으면 안 되는 거 잘 알잖아요!

잉그리드 (자신을 방어하기 위해 약간 언성을 높인다) 오늘 아침에 제가 한 일은 뭐든 잘못됐단 말이군요.

안토니아 (화를 내며) 지금 나한테 화내는 거예요? 난 당신 화풀이 상대가 아니에요. 분수를 좀 아세요. (아이들에게 굿바이 키스를 하러 자리를 뜬다.)

결국 잉그리드가 안토니아가 시키는 대로 했으므로 안토니아는 싸움에서 승리했다. 하지만 이런 공격적인 대화는 안토니아와 잉그리드의 관계에 전혀 득이 되지 않는다. 수직적인 힘의 관점에서 상황을 처리하면 언제나 분노와 긴장이 발생한다. 이는 누구에게도 이롭지 않다. 따라서 관계를 해치지 않고 상대에게 지시를 하려면 먼저 수직적인 힘에 대해 다른 시각을 가져야 한다. 수직적인 힘은 관계의 전부가 아니라 일부에 지나지 않는다는 한계를 알아야 한다. 그런 한계를 깨닫고 개인적인 힘을 길러 수직적인 힘에 의존하지 않도록 노력해야 한다.

3장

수직적인 힘의 특징

수직적인 힘에는 네 가지 특징이 있다.

1. 사다리 구조를 지닌다

수직적인 힘은 언제나 사다리 형태로 측정된다. 우리 사회에는 여러 가지 사다리가 공존한다. 누군가 다른 사람에 비해 큰 수직적인 힘을 가지고 있지만 특정상황에서는 무력감을 느끼는 경우가 있다. 또한 어떤 사람에게는 정당한 힘을 행사하지만 다른 사람에게는 그렇지 않거나 어떤 분야의 전문지식은 많지만 다른 분야의 지식은 부족한 경우도 있다. 다른 사람에 비해 돈은 적지만 더 풍부한 전문지식을 갖추었거나, 젊지만 경험이 적거나 혹은 더 똑똑하지는 않지만 훨씬 더 부유할 수도 있다.

사다리 구조가 잘못된 것은 아니다. 이는 자처럼 어떤 유용한 정보를 제공하는 편리한 측정체계로 우리는 이를 통해 자신의 상대적 위치와 행동방식을 즉시 파악할 수 있다. 다른 사람들과 대화를 나눌 때 문제가 일어나는 이유는 사다리를 지침으로 이용하기 때문이 아니라 그것에만 매달리기 때문이다. 지금껏 머리를 위아래로 끄덕이는 동작에만 써왔듯이 우리는 수직적인 사고에만 사로 잡혀 있다. 이 방식에만 의존하다 보니 효과적으로 대화를 나누지 못하고 수많은 문제에 직면한다. '위(승리)'와 '아래(패배)'라는 편협한 사고에 집중하기 때문이다.

2. 일시적이다

수직적인 힘은 영원히 지속되지 않는다. 개인의 전문적인 역할에는 끝이 있기 마련이다. 그 역할이 끝날 때 수직적인 힘의 영향력도 끝난다. 이를테면 유한한 자원, 통제할 수 없는 시장의 힘, 기후 변화, 정치적 부침에 좌우된다. 전문지식은 그것이 필요할 경우에만 힘을 발휘한다. 사회와 전문 분야에서 필요한 요소는 항상 변한다. 유명인의 인기는 유행과 함께 사라진다. 젊음이 지닌 육체적 매력과 용맹스러움은 세월이 흐르면 점점 줄어든다.

3. 외부 요인에 좌우된다

수직적인 힘은 외부 조직, 즉 단체, 사회 규칙, 문화적 규범, 시대의 유행 등에 좌우된다. 개인의 특성, 미덕과는 상관없이 정당한 힘과 자원, 전문적인 힘을 얻거나 빼앗긴다. 개인의 특성에서 카리스마가 생기기도 하지만 실제 카리스마의 힘은 열성적인 팬의 지속적인 애정에 의해 좌우된다. 팬이 없다면 힘도 없다.

4. 독단적이다

수직적인 힘은 우리의 장점 때문에 생기는 것이 아니다. 우리의 인격이나 모습과는 전혀 상관없다. 즉 그런 힘을 가질 만한 인물인지 여부와 관계없다는 말이다. 그런 힘을 가지기 위해 어떤 선택을 하지 않아도 그것이 저절로 생기는 경우도 있다. 예를 들어 자신의 일이나 책임으로 힘이 생겨 부담을 느낄 수도 있다. 카리스마와 도덕성은 관계없다. 아무리 카리스마가 있는 사람이라고 해도, 알고 보면 도덕적으로 부족하여 성인처럼 그럴싸하게 포장된 인물일 수도 있다.

두 가지 힘의 균형 맞추기

수직적인 힘의 본질을 완전히 이해하면(수직적인 힘을 확인하고 수용하여 영향력을 누리거나 혹은 힘을 가진 것에 대해 후회한다면) 그 힘을 다른 방식으로 처리할 수 있다. 즉 상대가 더 훌륭하거나 우수한 인물이기 때문에 여러분이 그보다 '낮은' 위치에 있는 것은 아니라는 사실을 깨닫는다. 따라서 비굴한 태도를 취하기보다 좀더 동등한 위치에서 상대를 대하거나 지위나 전문지식 면에서 자신보다 '높은' 사람이라도 비판할 수 있다.

반대로 자신보다 낮은 위치에 있는 사람이 모든 면에서 열등한 것은 아니라는 사실을 깨달으면 그 사람을 좀 더 동등하게 대하면서 대화할 수 있다. 책임감을 가지고 상대를 억압하지 않으면서 자신의 정당한 힘과 권위를 더 분명하게 관리할 수 있다.

이런 태도를 갖출 때야 비로소 힘의 일시성을 깨달을 수 있다. 위험요소를 피하고 모든 것을 통제하기 위해 부단히 노력한다 해도 수직적인 힘은 절대 영원하지 않다. 수직적인 힘은 끊임없이 움직인다. 자신이 목표로 한 위치에 도달했을 때도 안주할 수 없다. 이상적인 몸매, 직업, 멋진 부엌, 원하는 행복 등을 목표로 삼아 이루었다 해도 또 다른 목표가 생기기 마련이다.

원하는 위치에 올라 아래를 내려다보면서 우리는 불안해

하고 걱정하며 사다리를 더욱 힘껏 부여잡는다. 최선의 노력을 기울여도 예기치 않은 일(동업자의 배신, 해고, 갑작스러운 부상이나 발병, 연금 중단 등) 때문에 언제든 사다리에서 떨어질 수 있다는 점을 너무나 잘 알기 때문이다. 게다가 자녀의 분가, 노화, 전문지식의 쇠퇴 등 예상할 수 있는 일에서도 우리는 큰 충격을 받는다.

수직적인 힘의 일시성을 이해한다면 때가 되었을 때 그 힘을 놓을 수 있다. 끊임없이 사다리를 오르락내리락하다보면 품위 있게 힘을 포기하기가 어렵다.

그래서 우리는 이따금 힘을 놓지 않으려고 애쓴다. 부와 권력, 지위에 대한 욕구가 강한 사람들은 권위주의에 의존하거나 전쟁을 일으키고 성형수술을 하거나 정직하지 못한 범법 행위를 저지르며 이미 끝난 관계에 집착한다.

반면 힘을 포기해야 할 때 그렇게 한다면 어쩔 수 없이 상실감을 느끼고 다시 힘을 얻기 위해 노력할 것이다. 우리는 육체적, 정신적 건강을 위해 때가 되었을 때 가정, 전문분야, 사회에서 힘을 포기하는 법을 배워야 한다. 직위, 급료, 직장과 가정에서의 정체성 등, 힘의 명백한 증거를 잃는다는 것은 실패가 아니라 변화일 뿐이다.

여러 가지 사다리에서 자신이 차지하는 위치에 집착하고 다른 사람과 비교하며 위로 올라가기 위해 싸우는 한 우리는 안목을 높일 수 없다. 우리는 다른 사람과 비교하고 경쟁하거나 그들에 비해 매력/능력/학문적 지식/인정/인기/사회적 지위가 부족하다고 자신을 비하하면서 감정적인 에너지를 지나치게 소비한다.

이제 그 사다리에서 약간 떨어져야 한다. 물론 사다리가 존재하는 것은 사실이지만, 그것이 전부가 아니라고 생각하며 여유를 두고 시각을 달리 해야 한다.

즉 정신적인 공간을 확보하는 것이다. 사다리는 지금도, 앞으로도 존재하겠지만 일단 그것의 실체(사회를 통제하고 질서를 유지하기 위한 일시적인 구조)를 깨달으면 사다리 자체에 집착하기보다는 사다리를 다른 시각으로 이해할 수 있다.

사다리를 넘어서면 일상생활의 수직적인 구조에 좌우되지 않는, 또 다른 현실이 존재한다. 이 점을 깨달으면 수직적인 힘과는 전혀 다른 관점에서,

즉 그 사람의 외부가 아니라 내부에서 힘을 정의할 수 있다. 이 때 지금과는 전혀 다른 방식으로 사람들과 상호 교류할 수 있는 내적 과정이 시작된다. 상하 조직에 초점을 두기보다는 평등이라는 새로운 차원으로 관계를 이해한다. 그러면 대화방식은 그야말로 완전히 바뀐다.

4장

개인적인 힘

 우리는 대부분 이른바 개인적인 힘이라는 개념을 이미 알고 있다. 하지만 그것을 묘사하기란 그리 쉽지 않다. 개인적인 힘은 외부의 인정을 받고 싶다는 욕구가 생길 때 무력해진다. 개인적인 힘이란 정확히 무엇인가?

 개인적인 힘은 외적 특성, 자산, 전문지식이나 지위와 전혀 관계없다는 점에서 수직적인 힘과는 다르다. 개인적인 힘이란 강한 자아의식, 자신과 다른 사람에 대한 배려 사이의 균형을 맞추는 능력, 자신의 참모습을 잃지 않는 태도, 삶의 사다리 너머를 볼 수 있는 능력을 가리킨다.

 개인적인 힘을 한마디로 표현해야 한다면 조화(congruence)라는 단어가 적절할 것이다. 조화란 여러분의 감정과 말, 행동방식의 일치 즉 일관성을 뜻한다. 따라서 자신의 참모습을 잃지 않는 일, 최선의 모습을 보이는 일, 자발

성과 융통성 등이 개인적인 힘으로 간주된다.

  개인적인 힘은 자신을 최고의 적이 아니라 가장 절친한 친구로 생각하는 자존감(self esteem)과 관계가 있다. 자신의 강점뿐 아니라 모든 약점 등 자신의 모습을 있는 그대로 수용할 때 자존감을 가질 수 있다. 이는 사다리에서 자신이 차지하는 위치에서 비롯되는 자존감과는 확연히 구별된다. 자존감은 또한 공격성, 부정, 자기중심적인 태도, 혹은 자기기만과 전혀 다르다.

  개인적인 힘은 자신감과 관계있다. 하지만 이는 불안을 숨기기 위해 거짓으로 꾸며낸 이미지를 보여주려는 자신감이 아니라, 현실을 인정하고 최선을 다해 그 현실에 대처하기 위해 전념하는 자신감이다.

  개인적인 힘은 개인의 내부에서 나온다. 어떤 사람이 이 힘을 가지고 있을 때 우리는 그것을 광채, 공감, 평화 혹은 지혜라고 부르며 그 사람의 내적 기쁨과 생명력을 느낀다. 개인적인 힘은 공격적이지 않은 겸손한 태도와 용기에서 나온다. 자신의 한계를 분명히 깨닫고 다른 사람의 인정에 연연하지 않으며 당당하게 자신의 뜻을 밝히고 홀로 설 수 있는 사람에게서 우리는 힘을 느낀다.

개인적인 힘의 특성

이런 성질 때문에 수직적인 힘처럼 특정한 범주로 구별하기가 어렵지만, 개인적인 힘에는 몇 가지 공통적인 특징이 있다.

균형

개인적인 힘에서 핵심인 균형은 행동과 태도에 영향을 끼친다. 균형이란 자신과 다른 사람의 욕구를 동등하게 소중히 여기는 능력이다. 이 능력을 갖추었을 때 상대에 대한 애정을 표현하면서 한계를 분명히 정하고 상대의 요청을 거절할 수 있다. 또한 갈등상황에 직면했을 때, 이를 무조건 지배권을 잡기위한 투쟁으로 생각하기보다는 동등한 위치에서 협상할 수 있는 기회로 삼는다.

각성

이 요소를 갖추려면 자신의 감정을 부정하거나 다른 사람에게 감정의 원인을 돌리지 않고 그것을 신중하게 받아들이고 책임을 져야 한다. 감정적인 각성이란 자신이 느끼는 바를 분명히 깨닫고 표현하는 일을 뜻한다. 자신의 상처, 분노, 두려움을 명확히 표현할 수 있어야만 공격적인 태도를 취하지 않고 어려운 문제에 대해 대화를 나눌 수 있다.

성실

급격히 변화하는 현대 세계에서 많이 거론되는 '성실'은 개인적인 힘에 반드시 필요한 요소다. 이는 앞서 언급한 조화와 마찬가지로 원칙을 존중하고 삶의 모든 요소의 균형을 맞추는 태도로 우리 인생의 모든 면에 일관성을 제공한다. 성실의 가장 큰 적은 부정과 거짓이다. 자신의 감정을 부정하고 진실을 외면하는 태도가 개인적인 힘을 가장 크게 손상시킨다.

··· 자신을 부정하고 진실을 외면하는 태도

우리는 대부분 자의식이 지나쳐 다른 사람에게 자신이 어떻게 비칠지에 연연한 나머지 자신의 참모습을 잃는다. 옳은 말을 하고 좋은 인상을 주며 다른 사람의 반응에 연연하고 실제 감정보다는 다른 사람과의 관계에서 원하는 결과를 통제하는 데 초점을 둘 때 성실과 힘은 약화된다.

수직적인 힘의 주요 특징(외부 요인에 의존하고 독단적이며 일시적인 사다리 형 구조)은 개인적인 힘과 대조적이다.

개인적인 힘의 특징

지속성

수직적인 힘의 상징이 사다리인 반면 개인적인 힘은 끊임없이 움직이는 원으로 상징된다. 우리는 태어나 죽을 때까지 발전, 성장, 적응, 변화라는 지속적인 과정을 겪는다. 이 세상을 바닥에서 시작해 꼭대기에서 끝나는 위계조직이라고 생각하지 마라. 개인적인 힘을 갖추고 한 지점에서 성실히 살아갈 때 평등 공존의 의미와 인간이 상대적으로 열등하거나 우수한 것이 아니라 제각기 다를 뿐이라는 점을 이해할 수 있다. 그러면 상대와의 수직적인 위치로 관계를 이해하는 편협한 시각에서 벗어나 새로운 방식으로 대화를 나눌 수 있다.

외적 지위에서 벗어나기

개인적인 힘은 신분, 지위, 계급, 성과, 교육, 성별, 배경, 육체적 매력, 힘, 전문지식, 건강, 부, 연령 등과 전혀 관계없다. 노인의 지혜와 평온함뿐 아니라 어린아이의 천진함과 발랄함에도 이 힘이 존재한다. 경험은 적지만 환자를 진심으로 염려하는 간호사나, 가난하지만 침착하고 자신이 넘치는 평범한 남자에게서 전문가나 예술가보다 더 대단한 힘을 느낄 수 있다.

영속성

수직적인 힘은 외부 상황이 변하면 즉시 증가하거나 감소한다. 반면 개인적인 힘은 수직구조에서 느끼는 자신감과 다른 의미의 자신감 그리고 가장 열악한 상황에서도 사라지지 않는 자기 신뢰를 주는 영구적인 삶의 에너지다. 이는 산소가 남아 있는 한 꺼지지 않는 촛불과 같다.

내부에서 비롯되는 개인적인 힘의 불꽃은 우리가 변화를 겪거나 나약해질 때 약해질 수 있다. 하지만 일시적인 인생의 질곡, 성공과 실패를 겪거나 고립, 절망, 고통, 상실의 시기에도 결코 사라지지 않는다. 극단적인 상황에 굴하지 않고 타락하지 않는 사람을 보면 인생에서 무엇을 겪느냐보다는 그것에 어떻게 반응하느냐가 더욱 중요하다는 사실을 깨달을 수 있다.

이것이 개인적인 힘에서 얻을 수 있는 교훈이다. 우리가 잊고 있을 때도 이는 언제나 주변에 있다. 우리는 갖가지 사다리에서 자신이 차지하는 위치만 생각하고 한 가지 기준만 고수하기 때문에 다른 가능성을 보지 못한다. 개인적인 힘이 강한 사람일수록 동등한 입장에서 대화를 나눌 수 있는 능력이 더 많다. 앞으로 살펴볼 여러 기술은 수직적인 힘을 유지하면서 개인적인 힘을 기르는데 도움이 된다. 예를 들면 대화를 시작하고 끝맺는 기술, 불안에 사로잡히지 않고 극복하며 대화를 나누는 기술, 상대의 말을 경청하면서 자신의 메시지를 정확히 전달하는 기술, 자신의 힘을 남에게 뺏기지 않는 기술을 배울 수 있다.

특정한 습관이 개인적인 힘을 감소시킨다. 예를 들어 습관적으로 공격적인 태도를 취하면 효과적으로 대화할 능력이 손상된다.

5장

공격적인 태도 버리기

 개인적인 힘은 우리에게 새로운 차원의 상황을 제공한다. 그것은 단 두 가지 결과(승리자와 패배자)만 얻을 수 있는 전투 상황에서 훨씬 창의적인 가능성의 세계로 시각을 넓혀준다. 그러면 개인적인 힘과 수직적인 힘을 결합하여 다양한 인간관계에서 공격적인 태도를 취하지 않고 문제를 쉽게 해결할 수 있다.

 어떻게 평생 가져온 습관을 버릴 수 있고, 이기고 싶다는 욕구를 떨칠 수 있을까? 자신이 원치 않는 일이 일어나면 당연히 공격적인 반응을 보이기 때문에 이 욕구를 떨치기란 몹시 어렵다. 이런 경우 우리는 잠시 침묵을 지키며 수동적으로 반응하거나 반대로 적극적으로 받아들이거나 무시한다. 혹은 '그래봐야 소용없어/ 방법이 없어/ 그 방법은 별로 효과가 없을 거야'라고 생각하며 패배를 두려워하다가 어느 순간 누군가에 대해 감정이 극에 달하면 돌연 고자세를 취한다. 즉 직접적으로 상대를 공격하거나 좀 더 미묘하게 상대에게 상처를 주거나 복수하는 것이다.

이런 변화는 너무나 자연스럽게 일어나기 때문에 마치 제2의 천성처럼 보인다. 이 같은 공격성은 어디에서나 흔히 볼 수 있다. 지금껏 스포츠나 전쟁에서 이 공격성을 필수요소로 여겼기 때문에 현대 경제계나 영화계에서 공격성을 합리화하고 칭송하며 혹은 부추기고 심지어 보상하기도 한다. 공격성을 싫어하는 사람도 그것이 대화를 이끄는 유일한 방법이기 때문에 당연히 공격성을 보일 수밖에 없다고 생각한다.

불안과 공격의 관계

끊임없는 불안감 때문에 사람들은 수직적인 힘에 더욱 집착한다. 무력한 존재로 전락하기를 원치 않기 때문이다. 하지만 사다리 위의 삶은 본질적으로 위태롭다. 체면이 깎이거나 발을 헛디딜까봐, 나약하고 감정적인 사람으로 비칠까봐, 잘못을 저지를까봐, 권위를 잃을까봐 우리는 공격적인 태도를 취한다. 공격은 진정한 자신감이나 자존감이 아니라 두려움에서 비롯된다.

안타깝게도 공격은 언제나 공격을 낳는다. 누군가 상대의 공격을 받으면 적대감을 마음속에 쌓아놓는다. 그러다 어느 순간 높은 위치에 오르면 자신이 당한 만큼 상대를 공격하면서 독재의 열매를 맛본다. 우리가 위나 아래를 보는 한 이런 경직성은 사라지지 않는다. 평등을 바탕으로 하는 개인적인 힘에는 공격성이 뿌리를 내릴 수 없다. 상사와 나이어린 부하직원, 환자와 상담전문가의 관계라고 해도 그것이 상호교류임을 명백히 안다면 승리는 별 의미가 없다. 수직적인 지위는 달라도 개인적인 힘이 동등하다면 상황은 달라진다. 대화를 주도하거나 상대의 조언을 무시하면서 나이어린 직원에게 여러분이 상사임을 과시하려는 욕구를 버리고, 강압보다는 협력이 팀워크를 위해 더욱 효과적이라는 사실을 이해하며 상대의 반응을 경청할 수 있다. 자신이 무력한 환자라고 체념하기보다는 질문에 대해 답변을 요구하고 근심거리를 의논할 권리를 행사할 수 있다. 또한 도움이 필요하다고 느끼면 자신이 불안해한다는 사실을 인정하고 조력자를 구한다.

대안

사다리에서 내려오면, 다시 말해 순간적인 승리와 패배라는 개념에서 벗어나면 처음에는 약간 혼란스러울 것이다. 수직으로 움직이지 않는다면 어느 방향으로 가야 하나? 어디에서 시작해야 하는가? 이런 질문에 답하려면 지금과는 전혀 다른 습관을 들여야 한다. 아무리 의식적으로 노력해도 우리는 어느 틈엔가 과거의 습관대로 공격적인 태도를 취한다. 이 습관이 인간의 상호교류에 너무 깊이 뿌리박혀 쉽사리 없애지 못할 것처럼 보인다.

사실 새로운 습관을 기르지 않는다면 과거 습관은 결코 사라지지 않는다. 앞으로 이 책에서는 지침과 실례를 들어 이 오랜 습관에 대한 대안을 제시한다. 이 대안을 통해 과거의 덫을 피할 수 있는 최선의 방법, 그리고 공격성을 없애면 긍정적인 결과를 얻을 수 있다는 사실을 발견할 것이다.

공격성을 인간의 원초적 본능이라고 당연시한다면 이는 큰 잘못이다. 상대의 공격적인 태도 중 90퍼센트 정도는 본능이 아니라 여러분의 말이나 행동에 대한 반응이다.

물론 우리가 무작위적인 폭력 앞에 나약한 존재이기는 하지만 이렇게 일방적으로 당하기만 하지는 않는다. 우리는 대화를 나눌 때 목소리, 몸짓, 어휘 등으로 갖가지 공격적인 신호를 보낸다. 대부분 공격성을 싫어하지만 자신도 깨닫지 못한 채 공격성을 빈번히 드러낸다. 하지만 기억하라. 상대도 당한 만큼 우리를 공격할 것이다.

공격성과 불안

사람들은 두 가지 이유로 공격성을 보인다. 그들은 대개 모든 종류의 대립에 대해 불안감을 느낀다. 대립을 원치 않거나 대립하더라도 패배하고 싶지 않기 때문이다. 불안 자체가 문제는 아니다. 하지만 적에게 강인한 인상을 주기 위해 불안을 숨기려 할 때 문제가 발생한다. 사실 불안은 전혀 해롭지 않다. 오히려 불안을 억제하면 그것은 우리가 통제할 수 없는 온갖 비언어적인 신호로 모습을 드러낸다. 불안감을 느끼는 사람들은 언제나 방어적인 태도를 취한다. 이는 어느 순간 공격적으로 돌변한다는 뜻이다. 자신의 감정을 파악하고 그때그때 표현해야 공격성이 더욱 커지지 않는다. 이런 능력은 개인적인 힘의 핵심요소다.

6장

새로운 방식

이러한 새로운 방식은 세 가지 기본 질문으로 시작된다. 우리가 살아가면서 특정 상황을 해결하고 싶을 때 이 기본 질문에 답해봐야 한다.

- 무슨 일이 벌어지고 있는가?
- 나는 그 일에 대해 어떻게 느끼는가?
- 무엇이 달라지기를 바라는가?

이 세 질문과 그에 대한 해답은 매우 중요하다. 이렇게 질문하고 대답하지 않는다면 대립을 긍정적으로 해결할 수 없다. 다시 말해 세 가지 해답을 찾아야만 서로를 공격하지 않고 분명하고 정직한 태도로 대립상황을 해결하여 긍정적인 인간관계를 맺을 수 있다. 세 해답을 찾는 일은 결코 쉽지 않지만 이 해답은 우리 인생에 반드시 필요한 도구다.

질문 1: 무슨 일이 벌어지고 있는가?

상대가 지금껏 무엇을 해왔으며, 하고 있는가? 혹은 하지 않는가? 어떤 일 때문에 화가 나는가? 상대의 어떤 행동이 마음에 들지 않는가? 여러분은 이런 질문을 통해 매우 분명하고 구체적으로 상황을 분석해야 한다.

어떤 상황이 닥치면 우리는 상대를 비난하고픈 강한 욕구를 느낀다. 오직 상대에게만, 이를테면 상대가 하거나 하지 않는 일, 행동방식, 무능력, 결점, 문제 등에만 초점을 둔다. 주의하지 않는다면 이런 세부요소에 사로잡혀 자신을 화나게 한 구체적인 행동을 잊어버린다.

사람과 행동을 구분해야 한다. 상대를 비난할 때마다 사용하는 여러 문구(이를테면, '넌 멍청해/게을러/이기적이야/무능력해/솔직하지 않아/믿을 수 없어')는 상대의 **뺨**을 후려치는 행위나 다름없기 때문이다. '그래도 그게 사실인 걸, 다른 사람들도 다 그렇게 생각해'라며 아무리 자신을 옹호한다 해도 전투 상황이 벌어지길 원치 않는다면 이런 식으로 말하지 말아야 한다.

일반적으로 사람들은 다음과 같이 불평한다.

✖ 내 파트너는 정말 공격적이야.
✖ 우리 엄마는 날 어린아이 취급해.
✖ 내 비서는 꼼꼼하지 못해.

이 첫 질문에 대해 여러분은 다음과 같이 구체적으로 해답을 찾아야 한다. 구체적으로 어떤 행동 때문에 화가 나는가? 정확히 어떻게 달라지기를 원하는가? 상대의 어떤 행동이 마음에 들지 않는가?

그러면 다음과 같이 답할 수 있다.

✖ 파트너가 내게 고함을 지른다.
✖ 엄마는 내게 묻지도 않고 약속을 정해버린다.
✖ 비서가 모든 일을 철저히 점검하지 않는다.

이제 여러분은 해결해야할 구체적인 문제를 찾았다. 문제를 구체적으로 밝히면 고자세를 취하며 상대를 판단하거나 비난하지 않을 수 있다. 상황을 객관적으로 생각하며 구체적인 해답을 찾으면 감정만 부채질하고 아무런 결과도 얻지 못하는 실수를 피할 수 있다.

질문2: 나는 그 일에 대해 어떻게 느끼는가?

사람들은 자신의 감정을 확실히 알지 못하기 때문에 이 질문에 쉽게 답하지 못한다. 여러 가지 이유로 우리는 자신의 감정보다 생각을 훨씬 더 중요하게 여긴다. 그 결과 자신의 감정을 표현하기보다는 상대에게서 불만의 원인을 찾기에 급급하다. 자신이 상대보다 무력한 존재라고 느끼는 경우 불만에 초점을 맞춘다면 상대의 행동을 합리화하는 답변만 찾게 된다.

✖ 그가 사실 너무 스트레스를 받아서 그렇지 내가 잘못했다고 소리를 지른 건 아니야.
✖ 엄마는 내게 잘해줄려고 그런 거야. 나쁜 마음으로 그런 건 아니야.
✖ 그녀는 유능해. 이건 작은 실수일 뿐이야.

이렇게 생각하다보면 결국 마음이 약해져 아무 말도 하지 못한다.
반면 상대보다 유능하다고 느끼는 경우 여러분은 자신의 도덕적 기준이 상대보다 높다는 사실을 부각시킨다.

✖ 그는 성질 좀 죽여야 해.
✖ 너도 엄마가 이제는 날 성인으로 대할 수 있어야 한다

고 생각하지?

🌀 그녀는 좀 더 신중해야 한다고.

이런 생각은 공격이나 다름없다. 자신의 생각이 아니라 감정을 밝히는 것이 중요하다.

감정을 적절히 표현하려면 연습을 해야 한다. 그렇지 않으면 솔직하게 문제에 대처하기보다는 상대적 지위 즉 누가 옳고 그른지에 집중한다. 자신의 감정을 확인하고 상대에게 전달할 때 개인적인 힘이 더욱 커진다. 그렇다면 무엇 때문에 이렇게 간단해 보이는 일이 어려워지는가? 그것은 평생 지녀왔던 감정에 대한 태도 때문이다.

감정의 중요성 이해하기

감정에 대해 제대로 배우지 못한 탓에 우리는 대부분 감정에 대해 잘못 생각하고 있다.

1. 감정은 긍정이거나 부정적이다. 긍정적인 감정만이 사회적으로 수용된다.

2. 우리는 다른 사람들 때문에 어떤 감정을 느낀다. 만일 그들이 부정적인 감정을 유발한다면 우리에게 고통을 줬으므로 그들은 비난받아야 마땅하다.

3. 감정은 유치하고 귀찮으며 통제할 수 없고 나약하다.

4. 누군가 열두 살이 넘어서도 눈물을 터트린다면 치료를 받아야 한다.

5. ⑷의 경우 장례식은 예외이지만 장례식에 참석했다하더라도 너무 오랫동안 크게 울어서는 안 된다.

6. 리탈린(Ritalin, 우울증 치료제), 호르몬 치료, 진정제 등 다양한 치료법을 이용하면 가장 부정적인 감정을 제거함으로써 감정으로 초래될 비정상적인 생활을 예방할 수 있다.

7. 공격과 분노는 똑같은 감정이다. 의도적으로 이런 감정을 유발한 경우가 아니라면 수용할 수 없다. 어떤 경우든 여자는 공격성과 분노를 드러내지 말아야 한다.

8. 감정을 꼭 드러내야겠다면 가족에게만 표현하라.

9. 감정은 위험하므로 그것에 대해 전혀 언급하지 않는 편이 낫다. 몰래 숨어 있다가 예기치 않은 순간 갑자기 모습을 드러내거나 통제할 수 없는 경우가 많기 때문이다. 이성적이고 안전한 대화를 나누어라.

10. 감정을 담담히 표현하는 것은 무방하다. 감정을 통제하지 못하여 울며불며 사람들의 눈길을 끌면서 바보처럼 보여서는 안 된다. 이런 행동은 상황을 더욱 복잡하고 난감하게 만든다.

이런 잘못된 생각 때문에 우리는 자신의 감정을 전혀 파악하지 못하며 설령 안다고 해도 다른 사람이 그런 감정을 일으켰다고 여기고 그를 공격한다.

다른 관점

이제 감정이 이성보다 약하다는 생각에서 벗어나보자. 즉 감정의 위계구조에 얽매이지 않고 모든 감정은 좋든 싫든 인간적이라고 생각해보자.

이런 방식을 통해 우리는 다음과 같은 교훈을 얻을 수 있다.

※ 감정은 개인의 발전과 인간관계에 대한 교훈을 배울 수 있는 귀중한 원천이다.

※ 우리는 감정을 두려워하고, 그것이 올바른 역할을 수행하는 데 걸림돌이 된다고 여긴다. 이는 감정의 잠재적 에너지를 알지 못하기 때문이다.

※ 감정은 정신신체의학과 관계가 있다. 즉 감정은 정신과 육체에서 동시에 일어나므로 육체적으로 감정을 발신하는 것이 자연스러우며 건강에도 좋다.

※ 성장과정에서 반드시 배워야하는 단기적인 감정 조절(적당하지 않은 상황에서는 분노를 삼키는 경우처럼)과 혼자 있을

때조차도 슬픔과 분노를 표현하지 못하는 감정 억제를 구별해야 한다.

✖ 감정은 병이 아니라 정상적인 인간의 경험이다. 감정을 표현하지 않아 곪아터지는 경우가 아니라면 비정상적인 감정이란 존재하지 않는다.

감정이 왜 중요한가? 서로 대립하고 비난하거나 가족, 파트너, 동료, 친구나 이웃과 솔직히 이야기를 나눌 때 우리는 어떤 감정을 느낀다. 하지만 이 감정이 마치 문제를 일으킨 것처럼 보이기 때문에 문제를 해결하는 과정에서 가장 난감한 변수라 할 수 있다. 우리는 어떤 상황이든 이성적으로 해결할 수 있다고 생각한다. 하지만 감정이 고조되면 어떻게 추슬러야 할지 모르고 감정이 문제를 일으키는 것처럼 여긴다. 마치 생판 모르는 곳에 떨어지기라도 한 듯 두려워하고 당황하면서 어색한 상황을 처리하지 못하고 애를 먹는다. 당당하고 솔직하게 감정에 대처하기보다는 숨기려고 애쓰며 아무렇지 않은 척하면서 자신의 나약함을 인정하지 않고 전투를 벌인다.

대립에 효과적으로 대처하려면 이 두 번째 질문에 대한 해답을 반드시 찾아야 한다. 그러면 감정을 표현할 때 인간적으로 대화를 나눌 수 있다. 지금껏 우리는 감정을 마음 깊은 곳에 숨기라고 배웠기 때문에 자신의 감정을 확인하고 표현하는 일은 완전히 낯선 곳으로 여행을 떠나는 일이나 다름없다. 하지만 두 번째 질문에 대한 해답을 찾지 않는다면 '올바른' 말을 하더라도 진지하지 못한 피상적인 대화를 나누는 데 그친다. 그러므로 반드시 두 번째 질문에 대한 해답을 찾아야 한다.

기본적인 감정 지도

처음부터 자신의 감정을 정확히 밝히기는 몹시 어렵다. 그러므로 불안, 분노, 슬픔의 세 범주로 구분하여 차례대로 살펴보면 효과적이다. 이는 분석을 위한 분석이 아니라 다른 사람의 행동에 자신이 어떤 감정을 느끼는지 이해하는 일이다. 특정행동에 대한 자신의 반응형태를 제대로 이해한다면 상대를 비난하지 않고 대화를 나눌 수 있다.

불안

불안이란 공포나 불확실함에서 비롯되는 모든 감정을 말한다. 놀람, 두려움, 초조함, 당황스러움, 고립, 외로움, 미래와 현재 상황에 대한 불안이 여기에 속한다. 위협을 받을 때, 건강검진 결과를 기다릴 때, 아이가 안전한지 몰라서 두려울 때, 많은 사람 앞에서 연설할 때, 상대를 불쾌하게 만들까봐 두려울 때 이런 감정을 느낀다. 나쁜 인상을 주지 않았는지 불안하거나 사랑하는 사람의 건강이 염려되거나 낯선 환경에 처해 불편할 때 등 여러 가지 상황이 불안을 일으킨다.

자신에게 일어나는 일을 통제하지 못할 때, 자신이 나약하다고 느낄 때, 혹은 안전을 확신할 수 없는 불확실하고 불안정한 상황에 반응할 때 불안해한다. 안전한 집에서 스릴을 느끼기 위해 공포 영화를 보는 경우도 있지만 이 때 느끼는 두려움은 현실이 아니기 때문에 안심하고 비명을 지르며 즐긴다. 즉 이 경험은 환상일 뿐이다. 그러나 실제 경험은 완전히 다르다. 상황을 전혀 통제할 수 없으며 두려움이 너무나 생생해서 비명조차 지르지 못하고 살아남기 위해 온 에너지를 집중한다.

감정이 오직 마음에서만 일어난다는 생각과는 달리 우리는 육체적으로 감정을 느낄 수 있다. 두려움이나 공포를 온 몸으로 느끼기 때문에 육체적으로 여러 가지 징후가 나타나는데 초조함, 메스꺼움, 설사, 땀, 두근거림, 떨림, 위, 목, 어깨 근육의 긴장 등이 여기에 속한다.

분노

 분노란 격분, 격노, 좌절, 짜증, 분개 등의 감정을 말한다. 공적인 자리에서 비난을 받거나 상대가 거들먹거릴 때, 어떤 일을 자기만 몰랐을 때, 부엌이 엉망일 때, 세탁기가 고장 났을 때, 좋아하는 프로그램을 보는데 누군가 채널을 돌렸을 때 등 크고 작은, 중요하거나 사소한 모든 일에 대한 반응이 여기에 포함된다. 무시당했을 때, 범법 행위나 잔인한 행동, 위선을 목격하거나 당했을 때, 혹은 상대가 거짓말을 했을 때, 정당한 요구에 대해 아무런 반응이 없을 때 이런 감정을 느낀다. 또한 선택권이 없거나 자신의 영역을 누군가 침해했을 때, 강도를 당했을 때, 자기 우편물을 다른 사람이 읽었을 때, 상황과 맞지 않는 말을 했을 때, 배신당했을 때 화를 낼 수도 있다.

 이 경우에도 열, 땀, 두통, 심장박동, 목이나 어깨, 턱 근육의 긴장, 안절부절못하는 행동 등 화가 치밀어 오른다는 징후가 육체적으로 나타날 수 있다. 만일 분노를 표현하지 못하고 쌓아두면 이따금 고함을 지르거나 미친 듯이 날뛰거나 혹은 상대를 공격하고픈 충동이 일어나기도 한다.

슬픔

 슬픔은 상처, 상실, 비애, 외로움 등을 포함한다. 거절이나 비난을 받거나 집단에서 따돌림을 받거나 혹은 사랑받지 못할 때 이런 감정을 느낀다. 이별, 관계의 단절이나 사랑하는 사람의 죽음 같이 중요한 일, 혹은 휴가가 끝나거나 누군가와 잠시 작별해야 할 때와 같이 사소한 일 등 사람과 친밀함을 잃는 여러 사건이 일어날 때 우리는 슬퍼한다. 누군가 감정적으로, 육체적으로 우리 곁을 떠날 때, 놀림이나 협박, 무시나 비난을 당할 때도 마찬가지다. 슬픔을 느낄 때는 몸이 무겁고 차가워지거나 무기력해지거나 식욕과 에너지가 저하되거나 혹은 목구멍과 눈 주위, 배가 당기는 등 여러 가지 육체적 변화가 생긴다.

지배적인 감정 확인하기

이 세 범주의 감정을 자세히 살펴보면 다양한 상황에서 자신이 느끼는 감정을 확인할 수 있다. 실제로 우리는 한꺼번에 여러 감정을 느낀다. 예를 들어 상대에게 비난을 받으면 우리는 상처와 분노를, 또 협박을 받으면 두려움과 슬픔을 함께 느낀다. 반드시 한 가지 감정만 느껴야 할 필요는 없지만 두 번째 질문(나는 어떻게 느끼는가?)에 대한 해답을 찾을 경우에는 지배적인 감정을 확인해야 한다. 이것이 대화를 시작하는 출발점이다.

감정 고조

 감정 고조란 어떤 감정을 느끼는 정도를 가리킨다. 약간 귀찮거나 짜증나는가, 아니면 분노가 끓거나 터지기 일보직전인가? 대화를 나눌 때 감정을 고려하는 법에는 감정관리법이 있다. 감정관리란 자신이 느끼는 감정의 정도와 통제할 수 있는 한계를 이해하는 일이다.

 감정을 관리하면 의식하지 않아도 자연스럽게 육체적인 변화를 감지할 수 있다. 이미 일어난 육체적 변화와 이전에는 무시했던 사소한 육체적 징후를 보고 감정이 고조되는지 여부를 확인한다.

 또한 자신의 감정이 언제 고조되는지를 알면 도움이 된다. 어느 순간 숙면을 취하지 못하거나 식욕을 잃거나 혹은 미친 듯이 먹어대거나 평소보다 술을 더 마시는 자신의 모습을 발견한다. 또는 사람들 앞에서 화를 내거나 쉽게 눈물을 흘릴 수도 있다. 이 때 자신이 스트레스를 많이 받고 있다는 사실을 깨닫는다. 이따금 공격적인 태도를 보이거나 쓰러지거나 혹은 병이나 신경쇠약에 걸리고 나면 감정적, 육체적 긴장이 어느 정도 풀어진다.

 혼자서 감정을 표현해보면 감정을 관리하기가 좀 더 쉬워진다. 몸을 흔들거나 떨면서 두려움을 해소하거나 소리(고함, 비명, 노래)와 동작(쿠션 때리기, 달리기, 집안일, 스쿼시)을 통해 분노를 가라앉힐 수 있다. 슬픔과 비애는 눈물을 흘리면서 풀어버린다. 물론 우리는 감정을 해소하는 능력을 타고난다. 하지만 혼자서 감정을 해소할 시간을 가지지 못하고 평생 동안 모든 감정을 억제한다.

감정을 지나치게 오랫동안 담아두고 억제하면 어느 순간 폭발할 수 있다. 우리 삶의 모든 영역에서 이런 상황이 벌어질 수 있지만, 여기에서는 대화를 나눌 때 감정이 고조될수록 이야기의 핵심을 분명하게 전달하기가 어려워진다는 사실만 기억하라.

따라서 감정이 너무 고조되었을 때는 절대 말하지 않는다는 것이 효과적인 대화의 황금률이다. 감정이 고조되면 자제력을 잃고 폭발해 상대를 공격하기 쉬우며 자신도 상처 입기 쉽기 때문에 모두에게 해롭다. 그러므로 머리끝까지 화가 나거나 눈물이 비 오듯 흐르거나 혹은 두려움과 충격에 싸여있다면 기다려라. 감정적인 거리를 유지하고 충분히 냉정을 찾을 때까지 절대 말하지 마라. 그렇게 되기까지 한 시간이 필요할 수 있다. 아니면 훨씬 더 오래 기다려야 할지도 모른다.

일단 진정하고 나면 상황을 이성적으로 되짚어보고 공격적인 태도를 취할 필요가 전혀 없다고 자신을 달랠지도 모른다. 하지만 이는 큰 실수다. 오랫동안 하고 싶었던 말을 하기 위한 빌미를 찾거나 좀 더 침착함을 유지하면서 그동안 쌓였던 불만을 삭히고 아무렇지도 않은 듯이 행동하기 때문이다.

세 가지 질문에 해답을 구하면 인간관계를 해치지 않고 감정을 표현하여 효과적으로 대화를 나눌 수 있다. 자기감정의 특성, 즉 불규칙성, 민감함, 위험신호, 감정적 욕구와 리듬 등을 파악하면 장기적으로 감정관리에 도움이 된다. 하지만 지금은 일단 자신을 책망하지 말고 자기감정에 호기심을 가져보자. 그러면 '나는 어떻게 느끼는가?'에 대한 진실한 답을 찾을 수 있을 것이다.

질문 3: 무엇이 달라지기를 원하는가?

마지막 질문에 답하기란 앞서 두 질문에 답하는 것보다 훨씬 더 어렵다. 이 질문은 긍정적으로 비난하는 과정이다. 즉 무엇이 달라지기를 원하는지 제시하고 명령이나 잔소리, 협박이나 막연한 힌트가 아니라 명확한 대안을 상세히 설명한다. 자신이 원하는 바를 확실히 모를 수도 있지만 처음부터 상황을 명확하게 살펴본다면 해답을 찾을 것이다.

반드시 복잡한 대안을 제시할 필요는 없다. 간혹 '그만했으면 좋겠다'라고 명확히 밝히는 것으로도 충분할 경우가 있다. 이를테면, 기분 상하는 말을 하거나 말하는 동안 팔을 툭툭 건드리는 상대에게 이 말 한 마디로 자신의 뜻을 분명하고 간결하게 표현할 수 있다.

약간만 생각해보면 세 번째 질문의 해답은 매우 간단하다.

- 나한테 고함 좀 그만 질렀으면 좋겠어.
- 약속 정하기 전에 내게 의논해주시면 좋겠어요.
- 모든 업무를 제대로 점검했으면 좋겠어요.

자신이 원하는 바를 왜 알아야 하는가?

'무엇이 달라지기를 원하는가?'에 대한 해답을 찾아야 할 이유는 그것이 무차별 공격이 아니라 상호교류 과정의 수단이기 때문이다. 만일 상대를 공격하지 않고 솔직하게 대화하기를 원한다면 지위와 계급 등 외부 요인에 초점을 맞추지 말아야 한다. 동등한 시각으로 전체적인 상황을 파악해야 한다. 자신과 상대에게 모두 말할 권리가 있다는 점과 구체적으로 자신의 의견을 밝힐 때 전투를 벌이지 않고 서로에게 도움이 되는 토의를 할 수 있다는 점을 기억해야 한다.

그러면 이 대립은 이제 '내가 너에게 일방적으로 하는 지시'가 아니다. 즉 '내 욕구가 당신보다 더 중요하므로 넌 그렇게 행동할 권리가 없다'는 식의 대화에서 벗어난다. 안토니아와 잉그리드의 대화처럼 우리가 일상적으로 나누는 대화는 단기적으로는 효과적이지만 장기적으로 인간관계에 전혀 득이 되지 않는다.

다음은 세 번째 질문에 대한 해답을 찾는 가장 좋은 방법이다. 우선 한 발자국 물러서 현재 상황을 되새겨보고 '당신 행동의 어떤 면 때문에 내가 어려움을 겪는다'는 사실을 아래와 같이 침착하게 전달한다. '나는 그 점에 대해 이렇게 느낍니다. 당신이 이렇게 해주면 좋겠습니다. 무슨 말인지 이해하시겠습니까? 내 말에 공감하십니까? 그렇게 하실 수 있습니까? 같이 노력해볼까요?

이 세 번째 질문에 대해 명확한 해답을 찾아야 한다고 말하면 사람들은 대부분 의아해한다. 자신이 원하는 변화가 너무 사소해서 굳이 말로 표현할 필요가 없다고 여기기 때문이다. 물론 모든 사람의 내적 욕구가 성공적으로 충족되는 세상은 환상 속에서나 존재한다. 하지만 현실에서도 중대한 상황에 처할 때마다 자신의 바람과 개선책을 알리면 효과적으로 내적 욕구를 충족시킬 수 있다.

두 사람의 대화

이 세 번째 질문을 통해 여러분은 진정으로 서로에게 도움이 되는 대화를 시작할 수 있다. 대안을 제시하지 못하면 대화는 상대를 비난하는 데 그친다. 물론 상대를 비난하기 위해 대화하는 사람이 있을 수도 있다. 정말로 상대를 비난하고 싶다면 번거롭게 이런 과정을 거치지 않고 드러내놓고 비난하면 그만이다. 물론 상대는 여러분의 메시지를 명확히 이해할 것이다. 특정 상황에서 힘의 역학(부모와 자녀, 윗사람과 아랫사람)에 따라 상대는 항의하거나 복종한다. 여러분은 자신이 원한 결과를 얻을 수도 있지만 상대는 불평등을 절대 잊지 못한다. 이런 식의 대화는 상대의 마음속에 분노의 씨앗을 심고 방어적인 태도를 취하게 만든다.

이 전 과정의 목적은 분명 공격적인 태도를 보이지 않고 어려운 문제를 전달하는 일이다. 긍정적인 대화는 서로에게 이익이 된다. 즉 높은 위치의 사람이 낮은 사람에게 명령하기보다는 동등한 위치에서 대화를 나눈다. 따라서 우리는 상대의 입장을 고려하고 그의 의견에 귀를 기울이는 분위기를 조성해야 한다. 즉 상대는 특정 문제에 대해 언급할 권리와 그것에 어떻게 반응할지 결정할 선택권이 있다.

네게 선택권을 제공한다.

비난이 가져올 부정적인 결과에 대해 생각해 보라. 우리는 결코 비난받기를 좋아하지 않는다. 과거 자신을 비난했던 어떤 사람에 대한 씁쓸한 감정과 상처를 잊지 못하기 때문이다. 특히 불공평한 상황에서 무력감을 느꼈던 경험은 절대 잊지 못하고 보복할 생각을 품는다. 따라서 비난받는 사람은 앞으로 있을 공격에 대해 당연히 자기 방어적인 태도를 취한다. 너무나 즉각적으로 방어태세를 취하기 때문에 우리는 이를 비난에 대한 반사작용이라고 부른다.

여러분이 어떤 문제에 대해 긍정적으로 대화를 나누려 해도 상대가 그것을 비난이라 생각하고 방어적인 태도를 취할 수 있다. 사람은 누구나 비난에 민감하다. 부모, 연인, 운전자로서의 능력이나 외모 혹은 직업적인 능력 등 특정 영역에 대한 비난에는 특히 더욱 그렇다. 약점이 없는 사람은 없지만 비난을 받으면 우선 자신의 나약함을 인식하고 방어적인 태도를 취한다.

비난 때문에 입을 상처를 민감하게 생각하다보면 솔직한 대화를 나누지 못한다. 하지만 인간관계를 발전시키고 싶다면 속만 끓이지 말고 대화를 통해 문제에 대처해야 한다. 세 번째 질문(무엇이 달라지기를 원하는가?)에 대한 답변을 찾는다면 두 가지 면에서 유익하다. 첫째, 자신이 원하는 구체적인 변화에 초점을 맞출 수 있다. 상대가 전혀 다른 사람으로 변하기를 원하기보다는 특정한 행동에 초점을 맞추어야 한다. 이를테면 '난 당신이 나와 함께 더 오래 있기 위한 방법을 찾길 원해'라는 말은 '난 당신이 그렇게 바쁘지 않으면 좋겠어'와는 다르다. '시간을 지키는 법을 더 배워야 하겠군' 보다는 '아침 9시까지 출근하면 좋겠군요'가 훨씬 효과적이다.

우리는 연인, 자녀, 관리자, 직원, 친구, 부모 등 여러 사람들이 우리가 원하는 대로 변해주길 바란다. 이런 습관을 조심하라. 이런 요구를 받으면 사람들은 누구나 무력감을 느끼거나 당혹해한다. 어떻게 그들이 여러분의 이상에 맞춰주기를 기대하는가? 겉으로 드러내든 숨기든 이런 요구는 반드시 적대감을 낳는다.

가능하다면 우리는 대부분 상대의 요구에 긍정적으로 반응한다. 별로 달갑지 않다 해도 합당한 요구를 명확히 밝히면 대부분 협조한다. 따라서 누군가를 비난하고 싶다면 이야기를 꺼내기 전에 이 세 가지 질문에 대한 해답을 밝혀야 한다. 요구한 바를 반드시 얻을 수 있다고 보장은 할 수 없지만 협상하기에 가장 좋은 분위기가 조성될 것이다.

세 번째 질문에 답하려면 선택을 해야 한다. 여러분이 누군가를 공격하여 상처 주기를 원하는지 아니면 동등한 관계를 진심으로 원하는지 진지하게 생각해봐야 한다. 이 과정에서 여러분은 선택권을 쥐고 있다. 이 문제에 부딪칠 것인가? 나는 관계를 개선할 방법을 진심으로 원하는가? 왠지 찝찝한 기분으로 불만을 토로하고 싶어 하는가? 다른 사람보다 우수하다고 느끼고 싶은가 아니면 주변 사람들의 희생자라고 믿고 싶은가? 솔직히 이야기할 것인가? 선택권은 여러분에게 있다.

이 세 질문에 대한 답변을 찾았다면 이제 실행에 옮겨보자.

7장

수직적인 힘과 개인적인 힘 결합하기

앞서 살펴봤듯이 사다리에서 자신이 차지하는 위치를 정할 선택권이 항상 우리에게 있는 것은 아니다. 자신이 통제할 수 없는 상황이 있으며 자신이 맡은 역할과 책임의 일부로서 저절로 힘을 얻는 경우도 있다. 세상 사람들이 흔히 수직적인 힘을 착취와 학대, 억압의 도구로 쓴다고 해서 수직적인 힘과 개인적인 힘을 선과 악으로 양분해서는 안 된다. 전문지식이나 자원 면에서 다른 사람보다 우위에 있으며 권위와 높은 지위를 지니는 사람은 다음과 같은 선택을 해야 한다. 이 힘을 무기로 휘두르는가? 아니면 책임감을 가지고 조심스럽게 다루는가? 수직적인 힘과 개인적인 힘의 원칙을 기초로 균형을 맞춘다면, 수직적인 힘을 억압의 수단으로 이용하는 관행을 막을 수 있다.

만일 앞서 수직적인 힘을 유일한 도구로 이용했던 안토니아와 매기가 다른 방식으로 대화를 나누었다면 결과가 어떻게 달라졌을까?

안토니아와 잉그리드(Antonia and Ingrid)

안토니아는 오페어걸 잉그리드를 비난할 때 자신이 원하는 바를 명확하게 요구하지 않는 실수를 저질렀다. 즉 문제점만 지적했을 뿐 세 번째 질문의 답변을 제시하지 않았던 것이다.

이런 식으로 상대를 비난하는 데 익숙한 다른 많은 사람들과 마찬가지로 안토니아는 다른 대안에 대해 재고하지 않았다. 우리는 이따금 다른 사람과 대립하기가 힘들다고 생각한다. 이는 앞서 언급한 방식으로 자신의 위치를 부각시켜 원하는 결과를 얻기 위해 상대를 비난하기 때문이다. 강압이나 협박으로 상대의 행동을 바로잡으려 한다면 이는 평등한 관계라 할 수 없다. 이런 관계에서는 선택권, 협조, 창의적인 해결책을 찾아볼 수 없다.

이런 식으로 상대를 바로잡으려 할 경우(안토니아의 경우처럼) 언제나 다음과 같은 과정을 겪는다.

- ❌ 구체적으로 요구하지 않고 불평만 한다.
- ❌ 고자세를 취하며 계속 상대를 비난하다가 마침내

※ 자신에게 감히 말대꾸한다며 몹시 질책한다. '지금 나한테 화내는 거예요?' 등

만일 안토니아가 두 가지 힘을 적절히 결합하는 새로운 방식으로 잉그리드를 대했다면 상황이 어떻게 달라졌을까? 우선 안토니아는 세 가지 질문에 답해야 한다.

질문 무슨 일이 벌어지고 있는가?
답변 아이들이 잠 잘 준비를 하지 않았다.
질문 그것에 대해 어떻게 느끼는가?
답변 짜증스럽다.
질문 무엇이 달라지기를 원하는가?
답변 7시쯤 내가 퇴근할 때까지 잉그리드가 아이들에게 잠 잘 준비를 시켰으면 좋겠다.

부엌의 새로운 전경을 상상해보자.
안토니아 잉그리드, 잠깐 할 얘기가 있어요.
잉그리드 네, 뭔데요.
안토니아 내가 어제 퇴근했을 때 아이들이 잠 잘 준비를 하지 않아 짜증이 났어요. 당신이 준비를 시켜줬으면 좋겠어요. 내겐 중요한 일이거든요.

잉그리드 미안합니다. 아이들을 공원에 데려갔는데 시간 가는 줄 몰랐어요.

안토니아 좋아요. 앞으로는 좀 더 일찍 돌아와서 7시까지 잠잘 준비를 시킬 수 있겠죠?

잉그리드 물론이죠. 죄송합니다.

안토니아 괜찮아요. 이렇게 얘기를 나눌 수 있어서 기쁘군요.

(마무리)

안토니아 서둘러야겠네. (아이들에게 굿바이 키스를 한다.)

안토니아는 이제 자신이 원했던 결과를 얻을 것이다. 그녀가 이전과는 달리 상대를 공격하지 않고 자신의 의견을 명확히 전달했기 때문에 잉그리드는 방어적인 태도를 취하거나 화를 내지 않았다. 잉그리드는 어쨌든 꾸중을 들었다고 느끼지만 피고용인으로서 잘못된 행동을 지적받았을 뿐 개인적으로 공격을 받은 것은 아니라고 생각한다. 이것이 두 종류의 힘이 균형을 이룬 방식이다.

다른 사람의 잘못을 바로잡으려 한다면 안토니아처럼 처음 그 일이 일어났을 때 바로 지적하는 것이 좋다. 하지만 실제로 이렇게 하는 사람은 드물다. 대부분 우리는 여러 가지 이유로 어떤 사건이 일어날 때 바로 반응하지 않고 침묵을 지킨다. 이런 태도 때문에 자갈(제대로 처리하지 못한 사건)

이 쌓이고 시간이 지나 거대한 더미가 된다.

  이런 경우 표현하지 못한 감정도 함께 쌓이기 때문에 훗날 문제를 해결하기가 더욱 어렵다. 한 번 만에 간단하게 끝날 수도 있는 일이 분노나 무력감 등으로 더욱 복잡해진다. 어떤 일이 처음 일어났을 때 반응을 보이면 지나친 것 같아서 '그건 원래 그런 거야'라며 체념하거나 그동안 쌓았던 분노를 한꺼번에 터트리고 만다.

  그렇다고 이미 지난 일은 해결할 수 없다는 말은 아니다. 다만 매우 신중해야 한다는 뜻이다. 지난 일을 들춰낼 경우에는 이미 닫혔던 문을 여는 수단으로 혹은 두 사람 사이에 있었던 어떤 상황에 대해 진심으로 서로에게 이익이 되는 대화의 실마리로 말문을 열어야 한다. 따라서 이런 경우 세 번째 질문에 대한 해답은 다음과 같을 것이다. '난 우리가 이 문제에 대해 의논하고 앞으로의 계획에 대해 대화를 나눌 수 있으면 좋겠어.' 즉 상대도 그 상황에 대해 어떤 감정을 가지고 있을지도 모른다는 점을 고려해야 한다.

  과거에 누가 어떤 일을 했는지는 접어두고, 현재 상황에 초점을 둠으로써 두 사람이 똑같이 책임져야 한다. 이것이 평등한 관계다. 첫마디를 꺼내는 태도가 매우 중요하다. 이런 대화의 목적은 위협이 아니라 초대다. 공격이나 비난을 하려는 낌새가 약간이라도 보인다면 상대는 자기 방어적인 태도를 취하며 입을 다물어버릴 것이다.

상대에게 이야기를 나누자고 제의할 경우에는 함께 문제를 해결하자는 개방적인 태도를 보여야 한다. 서로의 욕구나 의지가 충돌하여 함께 타협안을 찾아야 할 상황이라면 이 방식이 이상적이다. 이 경우에도 먼저 세 가지 질문에 대한 답변을 찾아야 한다. 단순히 의논만 하는 경우라도 다음 실례에서와 같이 세 번째 답변을 명심해야 한다.

매기와 릭(Meggie and Rick)

매기는 십대 아들인 릭과 자신의 관계를 어떻게 처리해야 할지 몰라 당황스럽다. 릭이 말을 듣지 않으니 매기는 잔소리를 한다. 릭은 매기가 잔소리를 하기 때문에 그녀의 말을 귀담아 듣지 않는다. 이와 같이 서로 불만스러워하는 상황을 해결하려면 자갈 더미를 더 쌓을지 아니면 해결할 것인지를 선택해야 한다. 뒤돌아 갈 수도 있고 앞으로 갈 수도 있지만 두 가지를 동시에 할 수는 없다.

매기는 두 사람 모두 한가한 토요일 아침 릭과 대화를 나누며 문제를 해결하기로 결심한다. 두 사람 모두 부엌에 있다. 릭은 아침을 먹고 있다.

매기 (식탁 앞에 앉으며) 릭, 네게 할 얘기가 있어.

릭 (신경을 곤두세우며) 제발, 엄마, 하지 마세요.

매기 그래, 알아, 릭. 지금까지 내가 잘못했어. 하지만 이런 상황을 견디기가 힘들구나. 제발 한 번만 들어주렴.

릭은 아무 말 없이 엄마를 쳐다본다. 매기는 깊이 숨을 들이마시고 계속 말한다.

매기 이 문제에 대해 많이 생각해봤는데, 정말 해결하고 싶어. 네가 집안일을 돕지 않아서 난 몹시 화가 난단다. 그런데 말이다, 내 입장만 내세워서 상황이 더 나빠진 것 같아. 넌 이제 어린애가 아니니까 잔소리하고 싶지 않아. 너도 내 잔소리가 싫겠지만 나도 마찬가지야. 그러니 지금까지와 다른 식으로 대화를 나누고 싶구나. (구체적인 요구)

릭 (약간 당황하지만 방어적인 태도를 취하지는 않는다) 무슨 말씀이세요?

매기 나도 잘 몰라. 계획 같은 건 없어. 난 네가 집안일을 도와주길 바라니까 앉아서 대화를 나누자는 거지. 널 계속 쫓아다니며 잔소리하고 싶지 않아. 나도 지긋지긋해. 네가 책임감을 가지고 집안일을 도와줬으면 좋겠어. 좀 생각해보고 언제 무엇을 도와줄 수 있는지 알려주겠니?

릭 (못 알아들었다는 듯이) 뭘 생각해봐야 하는데요?

매기 네가 집안일을 어떻게 도울지 좋은 의견을 내놓으라는 거야.

릭 좋아요. 생각해볼게요.

매기 좋았어. 생각해보고 다시 얘기하자. 내일 저녁 어때?

릭 내일 스쿼시 해야 해요.

매기 몇 시에 나가는데?

릭 7시요.

매기 그렇다면 나가기 전에 시간 좀 내서 6시 30분에 얘기하자. 해결책을 찾았으면 좋겠구나.

릭 좋아요. 엄마. 무슨 말씀인지 알았어요.

(마무리)

매기는 자리에서 일어나 부엌에서 나간다.

이것이 자갈 더미를 쌓지 않고 문제에 대처하는 방법이다. 매기는 편안하게 요점을 전달했다는 점에서 매우 훌륭했다. 다시 이야기를 나눌 특정 시간을 정하는 일이 매우 중요하다. 그렇지 않는다면 언제 다시 문제에 대해 이야기를 꺼낼지 난감할 것이다.

이 과정은 일상적으로 나누는 평범한 대화와는 다르다. 우리는 대체로 미리 생각지 않고 무의식적으로 행동하는데, 위의 실례는 상호교류에 한계를 제시하는 구조로 되어 있다. 예전부터 복잡하게 진행되어 왔으며 많은 투자가 있었던 일에 대한 대화이므로 평범한 대화와는 다른 것이다. 따라서 문제를 제대로 해결하려면 할 말을 미리 정하여 이전과는 달리 특별한 방식으로 처리해야 한다.

  이 같은 대화가 처음에는 매우 이상할 것이다. 평상시와 다르게 말하고 행동하기 때문에 말하는 사람 자신도 매우 어색할 것이다. 평상시에는 아들과 이야기를 나눌 시간을 정하거나 친구에게 격식을 차리지 않는다. 그렇다고 해서 매우 민감한 문제를 다루고 있는데도 전혀 심각하지 않은 척 하는 것은 옳지 않다. 상대는 이런 방식에 약간 당황하겠지만 방어적인 자세를 취하지는 않는다. 그는 여러분의 말에 귀를 기울이며, 그로써 두 사람 사이의 문제를 해결할 수 있을 것이다.

Part 2

The practice 실전

8장

실전에 이론 적용하기

새로운 방식이 적용될 수 있는 다른 일상적인 실례를 살펴보자. 여기 세 사람이 있다. 그들은 자신이 소중히 여기는 사람과 까다로운 문제에 대해 이야기를 나누고 싶어 한다.

1. 샐리는 피트와 함께 산다. 그들은 4년 동안 사귀었으며 1년 동안 함께 살고 있다. 피트가 스트레스를 받으면 쉽게 화를 내며 샐리의 모든 행동과 말에 대해 공격적으로 울분을 터트린다는 점 외에는 아무런 문제가 없다. 그러나 피트의 이런 행동이 싫은 샐리는 그에게 앞으로 소리 지르지 말라는 이야기를 하고 싶다.

2. 레베카는 2년 정도 해외근무를 한 후 두 달 전에 귀국했다. 그녀는 6개월 후 강의를 시작할 예정이며, 그동안 어머

니와 같이 살고 있다. 전반적으로 그들은 잘 지내는 편이다. 하지만 레베카는 어머니에게 불만이 있다. 어머니는 레베카가 참석하기를 원할 것이라고 짐작하고는 그녀가 퇴근했을 때 주말에 가족 모임이 있다고 일방적으로 통보한 적이 두세 번 있었다. 레베카는 다시 이런 일이 일어나지 않기를 바란다.

3. 돈은 대기업 홍보부에서 근무한다. 그녀는 전반적으로 자신의 비서, 엠마의 업무에 만족한다. 하지만 일주일 전, 발송 예정 우편물에 우편번호가 빠진 것을 발견했다. 엠마가 늘 꼼꼼했기 때문에 돈은 적잖이 놀랐다. 그녀는 앞으로 엠마를 믿어도 될지 염려스러워 그녀에게 한마디 해야겠다고 생각한다.

세 사람 모두 '숙제'를 마치고 세 질문에 대한 해답을 찾았다.

- 무슨 일이 벌어지고 있는가?
- 그것에 대해 어떻게 느끼는가?
- 무엇이 달라지기를 원하는가?

▶ 샐리(Sally)

피트가 화가 나면 내게 화풀이를 한다.
그것이 싫다.
앞으로 그러지 않았으면 좋겠다.

샐리는 첫 번째 답변에 좀 더 신중해야 한다. 화를 낸다고 상대를 비난하면 오히려 화를 부추길 위험이 있기 때문이다. 인간은 누구나 감정을 느끼고 그것을 어떻게 표현할지 결정할 수 있다. 샐리는 피트가 느끼는 감정 때문에 그를 비난하지 않도록 노력해야 한다. 그렇지 않으면 상황은 더욱 나빠진다.

▶ 레베카(Rebecca)

엄마가 내게 의논하지도 않고 약속을 정한다.
짜증스럽다
엄마가 나를 성인으로 대했으면 좋겠다.

이 상황의 문제는 '무엇이 달라지기를 원하는가' 라는 세 번째 질문의 답변이다. 우리는 이따금 다른 사람의 행동을 혼자 해석하고 그것을 기정사실로 받아들이는 함정에 빠진다. 왜 이런 함정이 위험한가? 사람들은 항상 자신의 독단적인 해석을 비난의 수단으로 이용한다. 비난은 우리가 피해

야 할 공격성의 한 단면이다. '날 어린애 취급 하지 마세요'
와 '약속 정하기 전에 내게 상의해주세요'는 너무나 다르게
들린다. 레베카는 자신의 요구가 비난처럼 들리지 않도록
세 번째 답변을 감정적이지 않게 구체적으로 표현해야 한
다.

▶ 돈(Dawn)
비서가 꼼꼼하게 일처리를 못한다.
좀 놀랍다.
그녀가 모든 업무를 더욱 신중하게 처리하기를 바란다.

두 번째 답변이 문제를 일으킬 소지가 있다. 이 상황에서
'놀랍다'라는 말은 이따금 실망스럽다는 의미를 전달하므
로 문제가 일어날 수 있다. 기대에 못 미친다는 말에 기분
좋게 반응할 사람은 아무도 없다. 아랫사람을 비난하는 이
특수한 상황에서 돈은 고자세를 취하지 않고 평등한 관계를
유지하도록 주의해야 한다.

타이밍

이 세 경우의 대화를 살펴보기 전에 더 준비해야 할 사항

이 있다. 샐리와 레베카에게 언제 이야기를 꺼낼지 물으면 다른 사람들과 마찬가지로 다시 한 번 그런 상황이 벌어질 때까지 기다리겠다고 말할 것이다. 샐리는 피트가 한 번 더 화 낼 때까지 아무 말 하지 않을 것이고, 레베카도 마찬가지다. 돈은 적절하다고 생각되는 시기를 기다릴 것이다.

우리는 이런 식으로 기다린다. 두렵기 때문에 혹은 다음 번에 그런 일이 일어나거나 적절하다고 생각되는 시기가 올 때까지 기다리면 더 훌륭하게 대처할 수 있다고 생각하기 때문이다. 하지만 다음번까지 기다리면 항상 끔찍한 사태가 벌어진다. 이런 특별한 문제의 핵심은 매우 까다롭다는 점이다. 그런 일이 처음이 아니라는 이유로 문제에 부딪치기를 두려워하기 때문에 문제가 더욱 어려워진다. 상황이 더욱 나빠질 수도 있으니 당연히 두려워할 수밖에 없다. 이 책에서 그런 두려움이 우리의 행동과 대화를 가로막고 통제하지 않도록 현명하게 다스리는 법을 제시한다.

여기에 제시한 지침들을 어려움을 헤치고 나갈 길잡이라고 생각하라. 전혀 두려워하지 않고 이런 어려운 대화를 나눌 수 있는 사람은 드물다. 여러분의 두려움을 나약함의 증거나 부정적인 요소가 아니라 정신적으로 건강하다는 징후로 생각하라. 전혀 두려워하지 않는다면 지나치게 독단적이거나 다른 사람을 배려하지 않고 보복하려는 행동으로 비칠 수 있다.

자신이 두려워한다는 사실을 인정하고 자신의 뜻을 명확히 밝혀야 한다. 여러분은 말할 시기를 선택할 수 있다. 만일 다음번까지 기다린다면 그때까지 초점을 유지하기가 사실상 몹시 어렵다. 피트가 또 한 번 샐리에게 소리를 지르는 때가 오면 샐리는 냉정하게 생각하기 어렵다. 그래서 여느 때와 다름없이 불만스러워하고 두려워하면서 상황에 대처한다. 이런 방식은 문제를 해결하는 데 전혀 효과가 없다. 샐리는 본능적으로 자신을 보호하려고 애쓴다. 이렇게 몹시 흥분하고 불안한 상태보다는 비교적 침착할 때 대화를 나누어야 한다.

레베카의 경우에도 타이밍이 중요하다. 하루 일이 끝나 피곤한 몸을 이끌고 퇴근했는데 엄마가 주말에 가족 소풍 일정을 잡아놓았다고 신나게 이야기한다면 어떤 일이 벌어질까? 엄마가 '자신을 어린애 취급했던' 지난 일을 떠올리며 참았던 화를 터트릴 것이다. 그렇지 않을 가능성은 극히 적다. 결국 레베카는 엄마를 비난하고 두 사람의 관계는 악화된다. 이는 레베카가 전혀 원치 않는 결과이다.

돈은 좀 다른 의미로 기다린다. 그녀는 다시 한 번 같은 일이 반복될 때까지 기다리는 것이 아니라 엠마가 단 한 번 저지른 실수에 대해 한 마디 할 수 있는 적절한 시기를 기다리는 것이다. 이런 전략은 효과적이지 않다. 돈은 엠마를 대할 때마다 뭔가 할 이야기가 있다고 생각할 것이다. 다른 이야기를 나누다가 자연스럽게 덧붙이거나 다른 일로 바쁘지 않을 때 말할 수 있기를 바라면서 '지금이 적절할까?'를 늘 생각한다. 이렇듯 뭔가 말해야 할 것이 있다는 묘한 긴장감 때문에 돈은 점점 더 불안해진다. 게다가 엠마 역시 뭔지는 모르지만 이 긴장감을 감지할 수도 있다.

이렇게 미루는 습관은 개인적인 힘에도 해를 끼친다. 물론 이따금 기다림에서 인내심과 양보를 배울 수 있지만 기다림은 상대에게 굴복하고 관계를 악화시키는 고질적인 습관이 될 수 있다. 기다리면서 침착해지기는커녕 점점 불안해진다면 기다려봐야 별 도움이 되지 않는다. 지나치게 오래 기다리거나 아무 때나 솔직히 이야기하다보면 외부 요인(다른 사람의 허락, 초대, 다른 사람이 제시하는 기회 등)에 의존하게 된다. 그러면 불안감을 다스리고 문제에 대처하기가 더욱 어려워진다. 다음 전략을 살펴보자.

준비하기

기다리기보다는 준비를 하면 개인적인 힘이 더욱 커진다. 준비란 대화를 나눌 시간을 미리 정해 약속을 하거나 집, 직장 혹은 다른 사회적 환경에서 평소와는 다른 대화를 나눌 시간을 내는 일을 뜻한다.

  돈이 엠마와 대화를 나눌 시간을 구체적으로 정하면 언제 이야기를 꺼내야 좋을지 생각하며 불안해하지 않아도 된다. 그러면 초점을 잃지 않고 자신의 뜻을 분명하게 전달할 가능성이 더욱 크다. 시간을 따로 정하면 두 사람의 대화가 특별하고 중요해진다. 물론 문제를 해결하지 않으면 큰 일이 난다는 뜻은 아니지만 엠마와 이야기를 나누지 못하면 돈은 계속해서 찝찝해할 것이다. 흔히 사람들은 불안할 때 문제에 대해 직접적으로 대화를 나누기보다는 상대를 비난하고 공격한다. 따라서 미리 해결 방법을 정해두어야 한다.

  레베카가 문제가 있으니 이야기 좀 하자고 제안하면 엄마는 좀 당황스러울 것이다. 하지만 내 경험으로 보아 사람들은 예상치 못했던 비난보다는 잠시 당황스러운 순간에 더욱 쉽게 적응한다.

  상대가 따로 시간을 내서 이야기를 하자고 하면 형식적인 것 같아서 왠지 어색할 것이다. 이는 전투를 벌이지 않고 대화할 기회를 확보하기 위한 제안이다. 따라서 TV를 보거나 저녁 식사를 하거나 혹은 함께 외출하기 직전에 이야기를 꺼내고 싶더라도 참아야 한다. 타이밍을 생각하라.

  직장에서도 우리는 이야기를 해야 한다는 생각에 사로잡

혀 복도에서 우연히 만나거나 긴 회의가 끝나자마자 아무 때고 심각한 이야기를 시작하려고 한다. 어느 곳에서든 불안은 판단력을 흐린다. 그 결과 잘못된 시간, 장소를 택하고 왜 계획대로 진행되지 않는지 의아해한다. 때문에 준비가 매우 중요하다. 일단 모든 준비를 마치면 불안감을 느끼지 않고 대화를 시작할 수 있다. 왠지 어색하고, 자신이 멍청해 보이고, 당황스러울 수 있지만 그래도 괜찮다. 이런 방식으로 우리는 서로 기분을 상하게 하지 않고 자신의 뜻을 전달하여 진정한 대화를 나눌 수 있다.

9장

대화하기

샐리와 피트(Sally and Pete)

준비작업

샐리는 저녁 식사 후 쉬고 있을 때 피트와 이야기를 나누기로 결정했다. 피트는 텔레비전을 보고 있지만 별로 중요한 프로그램은 아니다.

샐리 피트, 할 얘기가 있어.
피트 뭔데?
샐리 그냥 내가 하고 싶은 얘기야.
피트 (여전히 텔레비전을 보면서) 그럼, 말해 봐.
샐리 귀담아 들어주면 좋겠어.
피트 듣고 있어. (샐리를 쳐다보며) 뭐가 문제야?

샐리 중요한 건 아닌데… 저, 사실 문제가 있어. 피트, 자기가 내게 소리 지르는 문제에 대해 얘기를 좀 하고 싶어.

피트 난 지금 소리 안 지르는데.

샐리 아니, 지금 말고, 스트레스 받을 때 자주 소리 지르잖아.

피트 누구든 다 그러지. 당연한 거잖아. (약간 방어적인 태도를 취하기 시작한다.)

샐리는 피트의 변화를 눈치 챘다.

샐리 난 어쩔 줄을 모르겠어. 피트. 나한테 화풀이하는 건 옳지 않다고 생각해. 그리고…

피트 난 네게 화풀이하지 않아. 지금 뭐하자는 거야? 왜 이런 얘기를 해야 하는지 모르겠군. (자리에서 일어나 부엌으로 들어간다.)

교훈

이 상황에서 우리는 가엾은 샐리가 괴로워한다는 사실을 전혀 눈치 채지 못하는 피트를 둔감하고 몹쓸 인간이라고 비난하기 쉽다. 하지만 이는 잘못이다. 피트는 상황에 순간적으로 반응했을 뿐이지 성격이 나빠서 이렇게 반응하는 게 아니다. 샐리의 대화를 자세히 살펴보자.

우리는 자신의 감정과 요구가 얼마나 중요한지 모르기 때문에 이런 잘못을 저지른다. 샐리는 불안한 나머지 자신의 뜻을 정확히 전달하지 못하고 거의 징징거리는 상태에 이르렀다. 이렇게 징징대면 상대는 당연히 화를 낸다. 샐리는 대화방식을 어떻게 개선해야 할까?

'그것에 대해 어떻게 느끼는가?'라는 두 번째 질문에 답하는 방식을 더 배워보자.

대화를 나누기 직전 우리는 불안, 어색함, 초조함 등 온갖 감정을 느낀다. 이럴 경우 샐리처럼 실제와 달리 매우 편안한 상태인 척 하려고 감정을 숨기기보다는 솔직히 표현하는 편이 좋다. 감정을 숨기는 가장된 태도는 쇼와 다름없다. 쇼는 대결을 할 때 상대에게 약점을 숨겨 우위를 점하려는 과시 법칙의 일종이다. 우리는 '감정을 드러내는 건 나약한 사람이나 하는 짓이다', '나약하면 곤경에 빠지기 쉽다', 혹은 '나약함은 나쁘다'고 배웠다.

대립 상황에 대해 걱정하다보면 두려워진다. 이 두려움을 방어적인 태도로 숨기려하면 상대는 공격적인 태도를 취한다. 이런 법칙 때문에 의미 있는 대화를 나누려는 의도와 멋진 계획이 수포로 돌아간다. 정직함이 매우 중요하다.

상대를 비난하지 않고 감정을 표현하면 대화를 나누는 데 매우 효과적이다. 반면 감정을 부정하면 여러분이 힘들어진다. 불안하든 당황스럽든 자신의 사소한 감정을 말로 할 때 그 감정에 적절히 대처할 수 있다. 감정은 여러분을 난처하게 만드는 성가신 것이 아니다.

자신의 감정을 표현하여 불안에 대처하고 다음 단계로 넘어가라. 일단 여기까지 진행하면 얼마나 자신감이 생기는지 아마 놀랄 것이다. 이것이 개인적인 힘의 또 다른 중요한 면이다. 이렇게 자신감을 가지면 대화가 매우 다르게 진행된다. 감정을 표현하면 말에 생명력이 실리기 때문에 형식적인 대본이 의미 있는 대화로 바뀐다.

샐리가 '어쩔 줄을 모른다' 보다 더 구체적인 표현을 한다면 더욱 효과적일 것이다. 이 말은 상황에 따라 화가 난다, 상처를 입었다, 걱정스럽다, 두렵다 등 여러 가지 의미를 내포하고 있다. 좀 더 구체적이어야 한다. 다음으로 실전 2를 살펴보자.

▶ 실전 2

샐리 피트, 할 얘기가 있어. 나에겐 정말 중요한 문젠데, 어떻게 말을 꺼내야 할지 좀 난감해.

피트 도대체 무슨 일인데?

샐리 TV 좀 잠깐 꺼도 될까?

피트는 놀란 듯했지만 리모컨을 들고 TV를 끈다. 의자 깊숙이 앉아 샐리를 바라본다.

샐리 와! 정말 긴장되는데. 웃기는군. (사실 웃기는 일은 아니지만 샐리는 자신이 느끼는 그대로 표현하는 편이 좋다. 깊이 숨을 들이마신다.) 피트, 내 말은… 이따금 당신이 스트레스를 받으면 내게 소리를 지르잖아. 난 그게 정말 싫어.

피트 (어리둥절해 하지만 방어적인 태도를 취하지는 않는다.) 내가 언제? 당신에게 소리를 질렀다니, 자주 그랬던 것 같지도 않은데. 심각하게 생각하지 마.

샐리 난 심각해. 당하는 쪽이니까. 모르고 그런다는 건 잘 알아. 내게 화가 난 게 아니란 건 너무 잘 알지. 하지만… 난 정말 그게 싫어, 피트. 정말 싫다고. 이런 내가 우습게 보이겠지만 그럴 때면 정말 겁이 나.

피트 (이제 약간 놀라며) 왜 이제까지 말하지 않았어?

샐리 잘 모르겠어. 당신을 더 화나게 만들고 싶지 않아서 그랬을 거야.

잠시 침묵이 흐른다.

피트 그럼, 내가 어떻게 해줬으면 좋겠어? 항상 다정해야 하고 밝게 웃어야 해?

샐리 (이제 세 번째 질문의 답을 편리하게 이용할 때가 왔다.) 아니, 이제 내게 소리를 그만 질렀으면 좋겠다는 거야, 그 뿐이야. 스트레스를 많이 받았을 때 해소할 수 있는 다른 방법이 있을 거야.

피트 뭐라고 얘기해야 할지 모르겠군.

지금이 어려운 대화에서 가장 중대한 순간이다.
이 시점에서 샐리는 대화를 끝내야 한다. 그녀가 대화를 시작하고 끝내는 것이다. 물론 이것으로 모든 문제가 해결된 것은 아니다. 아마 나중에 다시 이 문제에 대해 이야기를 나눌 것이다. 하지만 샐리는 지금 자신이 해야 할 임무를 일단 완수했다. 계속해서 말을 늘어놓으면 지금껏 성공적으로 피해왔던 감정의 지뢰밭으로 돌아가는 것이나 다름없다.

이 쯤 되면 너무나 안심한 나머지 행복감에 도취되어 이따금 예전부터 이야기하고 싶었던 다른 문제를 들춰내고 싶은 유혹에 빠지기도 한다. 하지만 그런 유혹을 이겨내지 못하면 반드시 끔찍한 결과가 일어난다.

말하고 싶었던 것만 이야기하고 끝맺어야 한다. 피트에게는 이제 생각할 시간이 필요하다. 그는 샐리와는 달리 이 문제에 대해 생각해본 적이 없으므로 상황을 돌이켜볼 시간이 필요하다.

샐리 지금 당장 해답을 찾자는 건 아니야. 어쨌든 대화를 하고나니 기분이 한결 좋네. (그를 향해 웃음 짓는다.) 이제 TV 다시 켜자. 뭐 마실 것 좀 줄까? (일어나서 부엌으로 간다.)

이 똑같은 원칙이 레베카에게는 어떻게 적용될까?

레베카와 엄마(Rebecca and Mum)

준비작업

레베카는 토요일 아침 시간이 날 때 엄마와 대화하기로 결심했다. 두 사람은 부엌에 있다. 레베카는 식탁에 앉아 있고 엄마는 식기 세척기에서 그릇을 꺼내고 있다.

레베카 엄마, 말씀드릴 게 있어요.
엄마 (찬장을 열고 그릇 정리를 하며) 뭔데?
레베카 일 다 끝내실 때까지 기다릴게요.
엄마 그렇게 중요한 얘기야? 긴장되는 걸.
레베카 긴장하실 필요는 없고요. 얼마 전부터 말하려고 했던 건데요. 저… 엄마가 정하시는 약속 말이에요. 그러니까 다음 주말에 크리스와 줄리 집에 바비큐 먹으러 가기로 한 거요. 전 가고 싶지 않아요.
엄마 안 가고 싶다니 무슨 말이야? 다 가족인데.
레베카 가족끼리 모인다는 건 알아요. 하지만 내가 가고 싶은지 어떤지 미리 묻지 않으시잖아요.
엄마 그래, 미안하구나. 다른 계획이 있다는 걸 몰랐어. 네가 말을 안 했으니까.

레베카 꼭 다른 계획이 있는 건 아니에요. 엄마가 내게 의논하지 않으니까 꼭 어린애 취급 받는 것 같다는 거예요.

엄마 음, 난 네가 가족들 만나기를 좋아한다고 생각했어. 오랫동안 외국에 있었으니 그러고 싶을 거라고 말이야. 그럼 대신 뭐할 건데? 여기 가만히 시무룩하게 앉아있을 거니?

레베카 (화를 내며) 엄마, 이런 식으로 대하지 마세요. 난 성인이라고요. 독립할 집을 찾을 때까지만 여기 있는 것뿐이에요…. (이 말에 엄마가 상처를 받을지도 모른다고 생각하고 말끝을 흐린다.)

교훈

레베카 역시 자신의 감정을 분명히 표현하는 방법을 찾았다. 이런 대화는 결코 쉽지 않다. 만일 쉽다면 걱정할 필요 없이 자신 있게 대화할 것이다. 하지만 우리는 가까운 사람과 멀어지거나 그 사람의 기분을 상하게 할까봐 염려한다. 부모와 이야기를 나누는 일은 특히 어렵다. 우리가 사는 동안 복잡하고 중대한 사건을 함께 겪었기 때문에 감정적으로 복잡하게 얽혀 있다. 하지만 가벼운 마음으로 세 가지 질문에 대한 해답을 명확히 찾아야 한다. 그래야만 자신의 감정을 잘 파악할 수 있다.

우리에게 이런 기술을 가르쳐준 사람은 거의 없지만 이제 배우면 된다. 레베카가 자신의 감정을 좀 더 분명히 표현하고 상대를 비난하지 않는다면 엄마와의 대화가 어떻게 달라질까? 실전 2를 살펴보자.

▶ **실전 2**

레베카 엄마, 말씀드릴 게 있어요.

엄마 뭔데?

레베카 잠깐 이리 와서 앉으세요. 중요한 얘긴데요. 말다툼이 될까봐 말 꺼내기가 좀 불안하네요.

엄마 대체 우리가 왜 다툰단 말이야?

레베카 저, 할 얘기가 있는데, 엄마로서는 그게 최선이었다는 사실을 알기 때문에 말씀드리기가 어렵네요. (잠시 멈춘다.)

엄마는 레베카를 바라보며 기다린다.

레베카 엄마가 사람들과 약속을 정할 때, 이를테면 다음 주에 가기로 한 바비큐 파티 같은 거 말이에요. 그럴 때 난 화가 나요. 내게 미리 상의하지 않으시니까요.

엄마는 이 시점에서 약간 방어적인 자세를 취한다.
왜 그럴까? 레베카가 훌륭하게 대화를 시작하고 진행해왔지만 '날 어린애 취급한다는 느낌이 든다'는 말보다 '화가 난다'는 말을 먼저 하면서 실수를 저질렀다. 전자는 비난이고 후자는 명백한 사실의 진술이다. 이 두 문장 모두 약간 공격적이기 때문에 상대는 반드시 방어적인 태도를 취한다. 감정은 감정일 뿐 의견이나 생각이 아니다. 다음으로 실전 3을 보자.

▶ 실전 3

레베카 엄마, 드릴 말씀이 있어요. 중요한 얘긴데요. 잠깐 같이 앉을까요?

엄마 대체 무슨 일인데?

레베카 말 꺼내기가 정말 어렵네요, 엄마. 말다툼하고 싶진 않거든요. 문제는 크리스와 줄리 집에서 있을 바비큐 파티처럼 엄마가 주말 약속을 정하실 때 말이에요. 난 좀 짜증스러워요. 왜 그런지는 모르겠지만 나한테 미리 상의도 않고 약속을 정하니 날 어린애 취급하신다는 느낌이 들거든요. 무슨 말인지 아시겠어요?

엄마 음, 그렇게는 생각해보지 않았구나. 그냥 네가 가족을 만나고 싶어 할 거라 여기고 약속을 정했지. 네가 좋아할 거라고 짐작하고서 말이야.

레베카 알아요, 엄마. 그러셨을 거라는 거 잘 알아요. 단지 제게 먼저 의논해달라고 부탁드리는 거예요.

엄마 다른 계획이 없다는 걸 아는데도 물어보라고?

레베카 예, 제가 선택할 수 있도록 미리 물어봐주시면 고맙겠어요. 어때요?

엄마 알았다. 그러마. 가끔 널 이해할 수가 없구나.

레베카는 웃음 짓는다.

(마무리)

엄마 좋아. 나 슈퍼마켓 갈 건데. 같이 갈래 아니면 부탁할 거 있니?

감정을 간단하고 분명하게 표현하는 일은 대화의 중대한 도구로 흔히 볼 수 있는 함정을 피하는데 도움이 된다.

돈과 엠마(Dawn and Emma)

마지막으로 돈의 경험을 살펴보자. 이 경우는 직장에서만 맺어진 인간관계이기 때문에 감정적인 투자가 없었다는 점에서 앞의 실례와는 경우가 다르다. 하지만 감정을 표현하는 일이 변함없이 중요하다. 돈은 부서장이므로 엠마보다 더 큰 힘이 있다. 말다툼이 벌어질까봐 염려하지는 않지만 그들 사이에 좋지 않은 감정이 남아 업무에 악영향을 끼칠까봐 두려워한다.

어떻게 자신의 권위를 이용해 비서의 잘못을 지적하고 바로잡는 동시에 그녀와 평등한 관계를 맺을 수 있을까? 돈은 자신의 권위와 인간적으로 동등한 관계의 균형을 잘 맞추어야 한다. 이렇게 하려면 감정을 제대로 표현해야 한다.

준비작업
돈은 다른 직원들의 눈길을 피해 엠마를 자기 사무실로 부르기로 결심했다. 이것은 실제 대립 상황의 경계를 분명히 정하기 위한 '타임아웃'이다.

돈 와줘서 고마워요, 엠마. 할 얘기가 좀 있어서요. 한 2주 전에 엠마 책상에서 패터슨 프로젝트와 관련된 우편물을 봤는데 그 중 몇 장에 우편번호가 빠졌더군요. 다시는 그런 일이 없도록 해줬으면 좋겠어요. 홍보부에서 그런 실수를 하면 보기에 좋지 않잖아요.

엠마 (자기를 부른 이유에 대해 약간 혼란스러워하며) 네, 그게 다예요?

교훈
시도는 나쁘지 않았지만 메시지가 약간 불분명하다. 돈은 자신의 요구를 좀더 구체적으로 표현해야 한다. 현재 돈은 이게 단 한 번 실수로 끝날지 아니면 더 심각한 문제를 일으킬지 잘 모른다. 확실히 변화를 원한다면 좀더 구체적으로 지적해야 한다.

▶ 실전 2

돈 와줘서 고마워요, 엠마. 실은 얼마 전에 패터슨 프로젝트와 관련된 우편물 중 몇 장이 완전하지 않았다는 점을 발견했어요. 솔직히 말하면 좀 놀랐어요. 엠마가 평소 매우 유능한 직원이라는 걸 잘 아니까요. 하지만 이런 일은 용납할 수 없어요. 알겠어요? (의자 깊숙이 앉으며 다정하게 웃는다.)

엠마 (이유도 모르고 비난받는다는 생각에 어리둥절해하며) 무슨 말씀이세요? 완전하지 않았다니요?

돈 우편번호가 빠졌더군요. 우편번호를 꼭 써야 해요.

엠마 네, 죄송합니다.

두 사람 사이에 어색한 침묵이 흐른다.

교훈

사람들이 긴장하면 어조가 약간 권위적으로 변하기 때문에 상대는 불편해한다. 돈은 자신의 감정을 좀더 명확하게 표현해야 한다.

▶ 실전 3

돈 와줘서 고마워요, 엠마. 어떻게 말해야 할지 좀 난감하네요. 난 엠마의 업무에 매우 만족하지만 얼마 전 패터슨 프로젝트 우편물 몇 장에 우편번호가 빠진 걸 우연히 봤어요. 다 살펴보진 않았는데 좀 걱정스럽더군요. 엠마가 그런 일을 제대로 처리하는 사람이라고 믿어요. 무슨 일 있나요?

엠마 (약간 놀라며) 전 몰랐어요. 너무 바쁘다보니, 다른 이유는 없어요.

돈 그렇죠. 알아요. 하지만 내게는 중요한 일이에요. 여기는 홍보부에요. 그러니 무엇이든 제대로 처리된다는 인상을 줘야하죠. 난 계속해서 엠마가 한 일을 확인하고 싶지 않아요. 그래서 앞으로 당신이 모든 업무를 재확인해주면 좋겠어요. 시간 여유가 없다면 내게 알려주세요. 그럴 수 있죠?

엠마 (당황하지만 돈이 자신을 말썽꾸러기 어린애가 아니라 팀원으로 대한다는 사실을 알고 있다.) 물론이죠, 정말 죄송합니다.

돈 실수였다는 건 잘 알아요. 아까도 말했지만 엠마의 업무에 난 매우 만족합니다. 이렇게 대화를 나눌 수 있어서 기뻐요.

(마무리)

돈 (엠마에게 얘기가 끝났다는 점을 알리는 듯이 자리에서 일어선다.) 와줘서 고마워요. 다시 열심히 일합시다. 지금 나갔다가 오전 늦게 돌아오면 내일 회의 일정을 알려줄게요.

    이는 권위와 평등의 균형을 맞춘 실례이다.
    돈은 분명하고 효과적으로 아랫사람의 잘못을 꼬집었지만 공격적인 태도를 취하지 않았다.

10장

비난하고 싶은 욕구에서 벗어나기

우리는 비난하기를 좋아한다. 기분이 나쁠 때마다 비난할 대상을 찾는다. 일이 잘못되면 다른 사람이나 자신을 비난한다. 인간관계에 '문제'가 생기면 마치 그 문제가 자신이 부족한 사람이며 인간관계가 완벽하지 못하다는 증거라도 되는 듯 몹시 화를 낸다. 문제는 항상 부정적인 영향을 끼치는 것처럼 보인다. 어려운 문제에 대해 이야기를 나누면 '누구 잘못인가'가 문제의 핵심이 된다. 대부분의 경우 비난을 하기 위해 파트너, 친척, 동료, 친구들의 나쁜 행실과 실수를 끊임없이 들춰내면서 '네 잘못이야(비난)' 혹은 '내 잘못이야(죄책감)'라는 오직 두 가지 결론만 내린다.

우리는 누군가를 비난할 때 '내가 화를 내는 것은 당연하다'고 여기기 쉽다. 그래야만 높은 위치에서 상대를 대할 수 있다. 반대로 비난을 당할 때면 우리는 침묵을 지킨다. 낮은 위치란 말할 권리가 없는 자리라고 생각하기 때문이다. 결국 아무짝에도 쓸모없는 비난과 죄책감에서 벗어나면 다른 가능성을 발견할 수 있다. 즉 여러분의 시야가 넓어지고 새로운 기회가 나타난다.

책임

이 기회 중 한 가지는 책임이다. 인간관계에서 어떤 패턴을 발견할 때, 즉 어떤 일이 한 번에 그치지 않고 여러 번 반복될 때 우리는 마음속에 불만을 쌓는다. 상대가 더 이성적이고, 유능하고, 고분고분하고, 집적대지 않는다면 문제가 사라질 것이라고 확신한다.

이런 생각 때문에 모든 인간관계는 두 사람이 만드는 것이라는 명백한 진리를 깨닫지 못한다. 따라서 세 번째 질문(무엇이 달라지기를 바라는가?)의 답을 찾는 동안 자신이 그동안 불만을 쌓아왔다는 사실을 발견하면 상대의 행동뿐 아니라 우리의 반응 패턴을 바꾸기 위해 노력할 수 있다.

이는 어떤 일이 일어난 데 자신의 책임도 있다는 점을 인정한다는 뜻이다. 우리는 이따금 자신이 피해자이며 어쩔 수 없었다고 주장한다. 하지만 어린애나 완전히 무력한 존재가 아닌 이상 우리에게는 선택권이 있다. 비록 다른 전략에 대한 지식이 부족하거나 보복 당할까봐 두려워하면 선택의 범위가 좁아지기는 하지만 우리는 성인이므로 스스로 선택할 수 있다.

따라서 침묵을 지키거나 특정한 주제를 피하면서 상대의 행동에 적응하거나 상대에게 무조건 복종하거나 혹은 솔직하게 말할 수 있는데 그러지 않는다면 우리가 그러기로 선택했다는 뜻이다. 이는 자신의 개인적인 힘을 포기한 행동이다. 개인적인 힘의 핵심은 성실과 평등이라는 사실을 명

감정의 억압

심하고 필요하다면 한계를 정하고 다른 사람과 자신에 대한 배려의 균형을 맞춰야 한다. 균형 맞추기란 생각만큼 쉽지 않다. 우리 인생에서 껄끄러운 관계를 솔직하게 되돌아보면 이따금 별로 내키지 않아도 타협했던 경향을 발견한다. 다시 말해 자신의 욕구를 밝히고 동등하게 협상하기보다는 조용히 살기 위해 적당히 맞춰주었다. 너무나 오랫동안 자신을 숨겼던 탓에 결국 후회하며 고통스러워하는 지경에 이른 것이다.

평등한 관계를 유지하려면 솔직하게 대화해야 한다. 우리는 상황을 참작하고 자신을 위로할 변명을 만들고 '골칫거리'를 피하려고 노력했던 것은 사실 타협이 아니라 자기감정을 억압하는 행위였다는 사실을 잘 안다. 자신을 계속 속이다 보면 결국 더 이상 참지 못할 지경에 이른다. 다시 말해 불만을 오랫동안 삭히다보면 언젠가 폭발하고 만다.

따라서 대립에 대처하는 기술을 익힐 때 어떤 상황에 대해 자신이 50대 50으로 책임져야 한다고 생각하면 도움이 된다. 이 점을 진심으로 인정하고 나면 벌을 주거나 비난하지 않고 좀 더 분명하게 대립하고 비판할 수 있다.

로지와 이언(Rosie and Ian)

로지는 이언과 함께 살고 있다. 그녀는 이혼녀이며 전 남편과 사이에 세 자녀를 두었다. 로지는 이언 앞에서 자신의 과거에 대해 말도 꺼내지 못한다. 전 남편이나 과거에 있었던 일에 대해 이야기하려고 할 때마다 이언은 그것을 모욕적으로 받아들이고 불 같이 화를 낸다. 로지는 그런 일이 있고 난 다음 오랫동안 지속되는 긴장감을 견디기 힘들어 되도록 과거 이야기는 삼가려고 노력한다. 최근 딸에게 힘든 일이 있어서 평소보다 자주 만났다. 로지는 지금 이 문제와 그로 인한 이언과의 긴장 상태에 신경을 곤두세우고 있다. 매일 자신의 과거와 연관된 일을 처리해야 하므로 그에 대해 언급하지 않기가 몹시 어렵기 때문이다.

세 질문에 대한 로지의 답은 다음과 같다.

▨ 내가 과거 일에 대해 말할 때마다 이언이 몹시 화를 낸다.
▨ 매우 불만스럽다.
▨ 과거에 대해 편하게 이야기할 수 있기를 바란다.

준비작업

로지는 단 둘이 있을 때 이언과 이야기를 나누기로 결심한다.

로지 이언, 할 얘기가 있어.

이언은 로지를 쳐다보며 해보라는 듯이 어깨를 으쓱댄다.

로지 (목을 가다듬으며) 저, 당신 지금 캐시에게 좀 힘든 일이 있어서 내가 도와줘야 하는 거 알지? 난 그 애를 도와주고 싶은데 당신이 기분 나빠하는 것 같아.

이언 당신 딸 때문에 왜 내가 기분 나빠? 지금 무슨 말하는 거야?

로지 저, 내가 과거 얘기하는 거 당신이 싫어하잖아.

이언 당신이 과거 얘기를 한대도 어쩔 수 없지. 나랑 상관없는 일이니까.

로지 그렇지 않아. 당신 항상 왠지 불안해하며 짜증내잖아. 난 정말 그런 당신을 이해할 수 없어….

이언 제발 그런 식으로 생각하지 마. (이야기가 끝났다는 듯이 돌아앉는다.)

교훈

로지가 또 말다툼이 일어날까봐 두려워하기 때문에 매우

어려운 상황이다. 또 한 번 이언은 공격적인 반응을 보이는 듯하다. 하지만 사실은 그렇지 않다. 불안감 때문에 로지는 이전에도 여러 번 빠졌던 미묘한 '수직관계' 함정을 피하기가 어렵다. 사실 로지는 이언이 자신의 과거 때문에 불안해한다고 생각한다. 이런 간접적인 로지의 비판을 이언은 자신이 상식적으로 이해할 수 없는 행동(로지의 관점에서)을 한다는 뜻으로 받아들인다. 이렇게 자신이 도덕적으로 우월하다고 생각하면 아무리 기분 좋게 이야기한다 해도 잘 난 척 하는 것처럼 비칠 것이다. 열등한 존재로 취급받으면 우리는 방어적인 태도를 취한다. 이 방어적인 태도가 공격성을 낳고 대화의 문을 닫아버린다. 사람들 사이의 대화에서 이런 과정을 흔히 볼 수 있으며 대화가 말다툼이 되는 것도 바로 이 때문이다.

로지가 어떻게 이 과정을 피하고 대화의 문을 열 수 있을까? 자신의 불안감을 더욱 솔직하게 표현하면 된다. 일단 도덕적으로 우월하다는 생각에서 벗어나 이언을 동등한 존재로 대하면 자신의 뜻을 분명하게 전달할 수 있다. 실전 2를 살펴보자.

▶ 실전 2

로지 이언 할 얘기가 있어. 어떻게 말해야 할지 몰라서 좀 불안하네.

    이언은 어리둥절한 표정으로 로지를 바라보며 기다린다.

로지 저… (잠시 멈춘다.) 정말 어렵군. 우리가 내 과거에 대해 이야기할 때나 내가 과거 일을 끄집어내면 당신이 좀 방어적이 되는 것 같아. 난 잘 모르겠어, 왜….

이언 (인상을 찌푸리며) 방어적이라니, 무슨 말이야?

로지 나도 몰라, 이언. 하지만 내가 과거 얘기를 할 때마다 당신이 싫어해. 당신도 알고 있지?

이언 당신 과거는 나랑 아무 상관없어.

로지 물론 우리가 만나기 전에 있었던 일이지. 하지만 우리가 지금 함께 살고 있으니 당신과 나의 과거는 우리 관계의 일부잖아. 내가 과거 얘기를 피해야 할 때 난 너무 답답해.

이언 누가 말하지 말래?

로지 하지 말라고는 안 했지만 화를 내니까 내가 말을 못하지. 난 당신이 기분 나빠할지 어떨지 몰라서 되도록이면 과거 얘기를 피한다고. 난 그게 싫어, 이언. 아이들이 있으니까, 그리고 지금 캐시처럼 어려울 때 도와주고 싶으니까 내 과거를 피하고 싶진 않아.

이언 당신에게 과거를 피하라고 한 적 없어.

    (이 대화에서 가장 중대한 시점: 비난인가, 책임인가?)

로지 (잠시 멈추었다가 동의한다.) 그래, 그러지는 않았지. 하지만 내 입장에서는 그렇게 할 수밖에 없어. 하지만 계속 그러기는 싫어. 편안하게 애들 얘기를 하고 싶다고.

   이언은 아무 말 하지 않는다.

로지 이언, 내가 원하는 대로 해 줄 거야?

이언 물론, 난 당신이 그렇게 힘들어하는 줄 몰랐어.

   (마무리)

로지 들어줘서 고마워. (일어선다.) 저녁 준비할 게. 먹고 싶은 거 있어?

  이 대화에서 중요한 점을 발견할 수 있다. 이언이 화를 낼 때 로지가 자신이 보인 반응에 대해 책임을 졌다는 사실이다. 이언이 로지에게 과거 얘기를 하지 말라고 한 적이 없다고 반박한 것은 당연하다. 로지 자신이 이언의 공격성에 그렇게 대처하기로 선택했기 때문이다. 즉 자신의 개인적 힘을 이언에게 맡겨버린 것이다. 그렇다고 자기 잘못이라고 떠안을 필요는 없다. 자신의 패턴만 인정하면 비난을 피할 수 있다. 아들에게 계속 잔소리하기를 원치 않았던 매기처럼 로지가 자신의 행동방식을 바꾸기로 결정하면 문제는 사라진다.

  여러분이 상대의 행동을 얼마나 싫어하는지 분명히 표현하지 않으면 책임과 관련된 또 다른 문제가 발생한다. 슬쩍 혹은 농담처럼 말했는데 상대가 변하지 않으면 여러분은 화가 난다. 하지만 그 사람이 여러분의 말을 심각하게 받아들이지 않은 이유는 여러분이 적절히 자신의 감정을 표현하지 않았기 때문이다.

마틴과 카렌(Martin and Karen)

마틴과 카렌은 3년 동안 함께 살았다. 둘은 사이가 좋아서 결혼할 계획이다. 하지만 마틴은 시간을 잘 지키지 않는 카렌의 습관이 마음에 들지 않는다. 그는 무슨 일이든 제 시간에 끝내기를 좋아하지만 카렌은 정말 '쓸데없는' 일로 빈둥거리다가 마지막 순간에 서두른다. 그래서 그들은 항상 늦게 집을 나선다. 마틴은 기다리면서 불평하다가 급기야 참지 못하고 그녀를 퉁명스럽게 대한다. 카렌은 짜증내지 말라며 평생 동안 가졌던 습관을 바꿀 수 없다고 투덜댄다. 그래서 그들이 외출할 때마다 둘 사이에 긴장감이 돈다.

두 사람의 행동방식이 상반된다 해도 상대의 특이한 행동에 적응하며 그럭저럭 지낼 수 있다. 하지만 한 쪽이 자신의 한계를 넘어 상대에게 적응하려 하는 경우, 다시 말해 짜증을 억누르며 상대의 특정한 행동이 사소하다고 여기며 참아 넘기려 하는 경우 문제가 발생한다.

짜증이 화를 일으킬 만큼 쌓인다면 이는 사소한 일이 아니다. 상대의 행동에 대한 자신의 감정을 숨기지 말아야 한다. 누구도 여러분 감정을 대신 표현해주지는 못한다. 다른 사람의 행동이 정말로 만족스러운지, 진심을 부정하고 있는지 오직 여러분만 알 수 있다. 부정은 개인적인 힘에 언제나 부정적인 영향을 끼친다. 오랫동안 자기의 진심을 부정한다면 그것은 파괴적인 에너지로 모습을 드러낸다.

자신과 다른 행동방식 때문에 짜증스럽다고 말하면 누가 옳고 그른지를 따지는 싸움으로 변하기 쉽다. 자신의 명분을 강조하려면 상대보다 우월해야 한다고 생각한다.

만일 승리와 패배의 관점을 버리고 상황을 이전과는 다른 시각으로 살펴본다면 솔직하게 대화를 나눌 기회를 발견할 수 있다. 두 사람 사이의 타협점을 찾는 것이다. 하지만 대화를 나누려면 상대가 신비한 공감능력을 발휘하여 여러분의 안타까운 처지를 이해하기를 바라기보다는 먼저 자신의 욕구와 감정을 솔직하게 표현해야 한다. 여러분이 자신의 감정을 심각하게 여기고 솔직하게 털어 놓을 때 상대도 분명 여러분의 불만을 심각하게 고려할 것이다.

마틴은 세 가지 질문의 답을 찾았다.

✖ 카렌은 항상 마지막 순간이 되어서야 준비를 한다.

⊠ 정말 짜증난다.
⊠ 시간을 더 잘 지켰으면 좋겠다.

준비작업

마틴은 두 사람 모두 한가한 저녁 시간에 카렌에게 이야기를 꺼내기로 결심했다.

마틴 얘기 좀 할 수 있을까?
카렌 (그의 질문에 놀라며) 물론이지.
마틴 당신도 알다시피 우리가 외출 준비할 때 당신이 항상 늦어서 정말 짜증스러워. 시간에 늦지 않도록 노력해 줄 수 있겠어?
카렌 난 정말 노력한다고. 항상 노력하고 있어.
마틴 하지만 우리가 어딜 가든 적어도 30분은 늦잖아.
카렌 이 봐, 마틴. 당신이 나와 다르다는 건 잘 알아. 어디든 정각에 도착하는 걸 좋아하는 줄도 알고 있어. 하지만 난 달라. 바꿀 수 없어. 미안하지만 난 나일뿐이야.

마틴은 한숨을 쉬고는 입을 다물고 물러난다.

마틴은 자신의 감정을 완전히 표현하기가 어렵다고 생각한다. 하지만 그것이 위협하거나 지배하지 않고 카렌에게 자신의 메시지를 전달할 수 있는 유일한 방법이다. 수직적인 힘을 유일한 기준으로 이용하면 흔히 상대를 위협하거나 지배하려는 태도를 보인다. 상대에게 자신의 사고방식, 가치관, 행동방식을 주입하기 위해 강요하고 압력을 가하며 위협한다. 이는 명백히 공격적이다.

공격적인 태도를 취하지 않고 솔직하게 말하면 개인적인 힘을 이용해서 더욱 강력한 메시지를 전달할 수 있다. 마틴은 용기를 내어 이 문제에 대한 자신의 입장을 정확히 밝혀야 한다. 마음을 드러내지 않는 한 아무도 여러분의 생각을 알 수 없다. "이것은 중요한 문제야, 난 당신이 이렇게 했으면 좋겠어"라고 솔직히 말하라. 강압적으로 자신이 원하는 결과를 얻으려 애쓰며 상대를 통제하기보다는 평등한 위치에서 솔직하게 자신의 입장을 밝혀라. 이렇게 하려면 물론 용기를 내야겠으나, 매우 효과적이다.

마틴은 왜 자신의 의견을 좀 더 강력하게 표현해야 할까? 카렌은 자신의 습관 때문에 마틴이 짜증스러워한다는 사실을 잘 알지만 그게 어느 정도인지 이해하지 못하기 때문이다. 마틴이 말로 표현하지 않는다면 그녀는 절대 알지 못할 것이다.

▶ 실전 2

마틴 얘기 좀 할 수 있을까?

카렌 물론.

마틴 (잠시 멈춘다.) 이봐, 카렌. 정말 말하기가 어렵지만 당신이 알아주면 좋겠어.

카렌 (놀란 눈으로 마틴을 쳐다보며) 뭐가 문제야?

마틴 (불안해하는 카렌에게 어쩔 수 없이 웃어 보이며) 아니야, 됐어. 큰 문제는 아니야. 시간 지키는 일에 관한 건데, 당신도 알다시피···.

카렌 (안심하며) 아, 그거.

마틴 (민감한 반응을 보이며) 거 봐, 또 무시하잖아.

카렌 전에 다 얘기했잖아.

마틴 알아, 전에도 얘기한 적 있다는 거. 하지만 내가 어떤 기분인지는 말하지 않았잖아. 내 말은, 좀 이상하게 들리겠지만 시간 지키는 일이 내게는 정말 중요해. 당신을 기다리는 게 싫어. 정말 짜증나서 저녁 내내 기분이 우울하다고. 왜 그런지 모르지만··· 당신은 나와 다르고 당신을 바꿀 수 없다는 거 잘 알아. 하지만 무시하지만 말고 이 문제에 대해 심각하게 생각해 줄 수 없을까?

카렌 그렇게까지 당신이 괴롭다면 노력할게. 기적을 약속할 수는 없지만 노력할게. 됐어? (앞으로 다가와 마틴의 팔을 건드리며) 당신을 짜증스럽게 만들고 싶지는 않아. 그럼 나도 재미

없잖아.

(마무리)

마틴 음, 이제 해결돼서 기쁘군.
카렌 (웃는다) 그렇게 괴로웠어?
마틴 그래, 그랬다고. 바람 좀 쐬고 올게. 이따 봐.

카렌은 머리를 가로저으며 웃는다. 마틴이 일어나 밖으로 나간다.

마무리

여러분은 지금쯤 내가 항상 대화의 마무리를 강조했다는 사실을 눈치 챘을 것이다. 마무리가 좀 인위적이라고 느낄지도 모른다. 자연스럽게 끝날 때까지 왜 기다리지 않는가? 이런 식의 마무리가 좀 딱딱하게 들리지 않는가?

대화를 시작하는 순간과 마찬가지로 마무리할 때 사람들의 불안감이 고조된다. 아무렇지도 않은 척한다면, 이는 큰 실수이다. 상대에게 멋지게 보여서 원하는 결과를 얻을 가능성을 높이기 위해 우리는 초조함을 숨긴다. 그래서 나는 지금껏 양쪽 모두 성공적인 결과를 얻을 수 있을 만큼 편안한 시간과 장소를 정하며 준비할 필요가 있다고 강조했던 것이다.

준비단계를 거쳐 여러분이 문을 열었듯이, 여러분이 하고 싶었던 말을 상대에게 전했다면 여러분은 열었던 문을 닫아야 한다. 그 일을 다른 사람이 대신 해주기를 기대할 수는 없다. 여러분이 시작했으니 여러분이 끝내야 한다. 이렇게 해야 대화의 한계가 명확해진다.

양쪽 모두에게 명확한 마무리가 필요하다는 사실을 명심하라. 이는 모두에게 민감한 문제다. 오랫동안 질질 끌어봐야 누구에게도 득이 되지 않는다. 대화를 마무리 짓는 기술을 반드시 익혀야 한다. 그렇지 않는다면 도처에 널려 있는 함정에 빠지기 쉽다. 대화를 끝낸 이후 사람들은 자신이 감정적으로 노출되어 있다고 느끼면서 불안해한다. 이런 불안감은 거절에 대한 두려움에서 온다. 대화를 망설이게 했던 여러 가지 질문이 다시 떠오른다. 그녀가 계속 친구로 남고 싶어 할까? 그가 다른 사람에게 뭐라고 말할까? 날 골칫덩어리로 생각하지 않을까? 공연히 시끄럽게 만들 필요가 있을까? 아무 말 않는 편이 좋지 않을까?

이런 온갖 불안 때문에 위험한 상황에 빠지지 않도록 비상구 만드는 법을 배워야 한다. 명확하게 대화를 마무리하지 않으면 다시 모든 상황을 되짚어보면서 사후 점검을 하고, 더 나쁜 경우에는 상대의 관심을 끈 김에 다른 문제를 또 끄집어내기도 한다. 불안이 더욱 고조되면 앞서 너무 분명하고 단호하게 이야기를 했다고 후회하며 사과를 하고 심지어 자신이 한 말을 취소한다.

그러니 조심하라. 아무리 인위적인 느낌이 든다 해도 반드시 대화를 마무리 지어야 한다. 상대에게도 마무리가 중요하다. 여러분뿐만 아니라 상대방도 민감한 문제에 대해 대화를 나누었다. 더구나 상대는 여러분과 달리 대화를 하리라고 예상하지 못했기 때문에 더욱 깜짝 놀랄 것이다. 이전에 한 번 언급하지 않았던 이야기라면 더욱 그렇다. 때문에 그들에게는 당신이 한 말을 되짚어보며 곰곰이 생각하고 요점을 정리할 시간이 필요하다.

이 전체 과정에는 명확성, 결단력, 확고한 한계가 필요하다. 긍정적인 결과를 얻고 싶다면 관계된 모든 사람들의 한계를 존중해야 한다.

11장

통고하기

 최근 나는 몹시 붐비는 기차를 탄 적이 있었다. 기차를 타고 가는 90분 동안 나는 그동안 읽지 못했던 책을 읽을 작정이었다. 그런데 내 뒤로 두 번째 줄에 한 젊은 여성이 휴대폰으로 친구와 통화를 하고 있었다. 이런 상황은 간혹 사람들을 짜증스럽게 한다. 하지만 그녀의 경우는 특히 더 심했다. 마치 축구경기장 반대편에 있는 사람에게 소리 지르듯이 큰 목소리로 떠들어댔기 때문이다.

 그녀는 친구에게 자신의 고생담을 전하고 있었다. 그녀의 부모님이 역까지 태워주지 않아서 기차를 탈 때까지 힘들었다고 말했다. 그리고 난 후 한 10분 동안 숨을 돌리더니 또 다른 친구한테 똑같은 이야기를 늘어놓았다. 그런 다음 10분 쉬고 세 번째로 또 같은 이야기를 반복했다.

 그녀의 행동에 많은 사람들이 눈살을 찌푸렸으나 아무도

직접 대놓고 이야기 하지 않았다. 몹시 짜증이 난 승객들이 중얼거리는 소리가 너무 재미있었다. 젊은 여자가 "나 지금 런던 행 기차를 타고 있어"라고 말하면 몇 사람이 "우리도 그래!"라고 중얼거렸다. "글쎄, 부모님이 배낭에 앉아 있는 나를 내버려두고 가버린 거 있지…"라며 불평하면 몇 사람이 입을 모아 "난 그 분들을 나무라지 않겠어"라고 말했다. 이렇게 많은 사람들이 괴로워하며 투덜대는 데도 그녀는 전혀 눈치 채지 못하는 것 같아 나는 적잖이 놀랐다. 자기가 겪은 고생에 사로잡힌 나머지 주변 사람들이 얼마나 짜증이

암시나 몸짓, 속삭임

났는지 전혀 모르는 듯 했다. 그렇다고 그녀가 무더서 그랬다고는 생각지 않는다. 단지 아무도 그녀에게 직접 명확하게 말하지 않았기 때문이다.

대다수 사람들이 그녀와 다르지 않다. 그들은 빈정거림, 힌트, 몸짓이나 속삭임의 뜻을 제대로 파악하지 못한다. 분명하고 솔직하게 꼭 집어 말하지 않으면 상대의 의도를 파악하지 못할 경우가 종종 있다.

그래서 상대의 대화 방식을 바꾸려 할 때는 그 시기가 중요하다. 만약 상대가 의식적으로나 무의식적으로 따르는 체계가 있다면 이를 바꾸기가 쉽지 않다. 사람들에게는 상대를 실망시키고 싶지 않은 욕구가 있다. 그렇기 때문에 누군가 우리를 믿고 있을 때 이 체계를 바꾼다면 어떻게 아무 문제가 없을 수 있겠는가?

힐러리와 제인(Hilary and Jane)

힐러리와 제인은 목요일 저녁에 요가 수업에 참석한다. 첫 수업에서 그들이 같은 동네에 산다는 사실을 안 힐러리는 제인에게 집까지 태워주겠다고 제의했다. 그래서 그 후로는 매주 목요일에 힐러리가 제인을 태워주는 일이 일상이 되어버렸다. 지금 힐러리는 목요일마다 제인을 태워주는 일이 좀 짜증스럽다. 매주 데려다 주기가 번거롭다보니 차츰 제인에게 불만이 쌓였다. 그러나 제인도 힐러리의 차를 얻어 타는 것이 항상 편안하지는 않다. 힐러리의 불만은 자신의 배려를 상대가 '당연하게 여긴다'고 느끼면서 더욱 커졌다.

물론 제인이 힐러리의 감정에 무관심했고, 오늘 차를 태워 줄 수 있는지 그때마다 물어보지 않았다고 제인을 비난하기 쉽다. 하지만 처음 몇 번 물었을 때 힐러리는 괜찮다고 대답했다. 힐러리가 늘 친절하게 대하며 자신의 진심을 드러내지 않았기 때문에 제인은 이후부터 물어보지 않았다.

힐러리는 제인이 일방적으로 자신을 성가시게하고 고통을 준다고 생각해서는 안 된다. 힐러리 자신도 진심을 분명하게 전달하지 않았기 때문에 이런 상황이 벌어진 것에 어느 정도 책임을 져야 한다.

세 가지 질문에 대한 힐러리의 답은 아래와 같다.

- 제인이 목요일마다 집에 태워주기를 바란다.
- 나는 화가 난다.
- 혼자 알아서 집에 갔으면 좋겠다.

세 번째 답변을 신중하게 살펴봐야 한다. 힐러리는 제인과 이야기를 나누기 전에 앞으로 제인을 절대 태워주고 싶지 않은지 아니면 이따금 태워주고 싶은지 명확히 밝혀야 한다. 우리는 이따금 자신이 만든 상황 때문에 궁지에 몰리는 경우가 있다. 선택권을 행사하지 못하고 다른 사람 기대에 맞추다 보니 결국 통제권을 잃은 것처럼 느낀다. 잠시 생각해보더니 힐러리는 '절대'라고 말하지는 않겠지만 태워주는 일을 의무처럼 여기고 싶지는 않다는 이야기를 전달하기로 결정했다.

그럼 힐러리는 제인을 비난하지 않고도 자신의 뜻을 어떻게 잘 전달할 수 있을까? 바로 타이밍이 중요하다. 힐러리가 단계별로 대화를 진행한다 해도 요가 수업이 끝날 때까지 기다렸다가 알린다면 다소 공격적으로 비칠 수 있다. 그러면 제인이 다른 대안을 마련할 시간이 없기 때문이다.

상대에게 선택권을 주지 않는 것은 그 사람을 억압하는 처사나 마찬가지다. 대부분의 조직이나 단체는 이 '치고 달리기' 전략을 통상적인 관행으로 여긴다. 대립과 감정적인 충격을 피하고 싶은 마음에 우리는 상대에게 우리가 전달한 조치에 대해 생각해보고 동의나 반대를 하거나 감정을 표현할 기회를 주지 않는다.

이런 상황에 대처하고 간접적인 공격을 피하려면 패턴을 바꾸고 싶다는 통고를 해야 한다. 이 때 타이밍을 신중하게 고려해야 상대와 동등한 관계를 맺을 수 있다. 즉 힐러리는 제인이 다른 대안을 마련할 시간을 줘야 한다.

  준비작업
  힐러리는 요가반 학생들의 전화번호 목록을 가지고 있다. 그래서 요가 수업이 있기 며칠 전에 제인에게 전화를 걸기로 했다.

힐러리 여보세요. 제인. 저 힐러리에요.
제인 어머나, 힐러리.
힐러리 네 저예요. 실은 다음 목요일에 집까지 태워주지 못할 것 같아서 전화했어요. 수업 마치고 친구를 만나기로 했거든요….
제인 괜찮아요. 전화까지 해서 알려주시다니 참 친절하시네요. 고맙습니다.
힐러리 별 말씀을요. 그럼 목요일에 뵈어요.
제인 네, 그럼 안녕.

  힐러리는 패턴을 바꾸었지만 아직 정면으로 부딪치지는 않았다. 제인은 아마 이번 목요일만 예외라고 생각할 것이다. 힐러리가 정말 원하는 대로 하고 싶다면 좀더 분명하게 얘기해야 한다. 다음 실전 2를 살펴보자.

▶ 실전 2

힐러리 여보세요, 제인. 요가 수업 같이 받는 힐러리예요.
제인 어머나, 힐러리.
힐러리 제인, 실은 드릴 말씀이 있어서요. 말 꺼내기가 쉽지 않네요. 당신을 집에 태워주기가 가끔 불편해요. 이따금 혼자 집에 가실 수 있는지 여쭤보려고요.
제인 (좀 언짢아하며) 음, 물론 그렇게 할 수 있죠.
힐러리 제가 늘 태워드릴 수가 없어서요.
제인 (힐러리의 모호한 말에 짜증이 나서) 같이 타고 오지 않는 게 낫겠다는 뜻 같네요. 그러니까 제가 알아서 오면 되죠?
힐러리 저….
제인 괜찮아요. 안녕.

힐러리는 자신이 바꾸고 싶은 일을 명확히 밝혀야 한다. 다시 말해 이야기를 꺼내기 전에 세 번째 질문의 답을 확인해야 한다.

▶ 실전 3

힐러리 여보세요, 제인. 요가 수업 같이 듣는 힐러리예요.

제인 어머나, 힐러리!

힐러리 말씀드리기 좀 어색하지만 분명히 해두지 못한 게 있어서요. 목요일마다 차를 같이 타고 오잖아요. 근데 솔직히 말씀드리면 그게 좀 불편할 때가 있거든요.

제인 그럼 따로따로 와야 하나요?

힐러리 저, 앞으로 수업 시작하기 전에 어떻게 할지 결정하면 어떨까요? 괜찮으시겠어요?

제인 물론 괜찮아요.

힐러리 그렇게 할 수 있다면 고맙겠어요. 귀찮게 해드리고 싶진 않지만 이따금 다른 약속이 있을 때가 있거든요.

제인 계속 태워주실 필요는 없어요. 원하신다면 안 태워주셔도 돼요.

힐러리 아니에요. 가끔 태워다 드릴 수 있다면 저도 좋을 거예요. 솔직히 말씀드리면 한 달에 한 번 정도면 좋겠어요. 어때요?

제인 좋아요. 전화 주셔서 고맙습니다. 그럼 목요일에 봐요.

힐러리 그래요, 안녕.

마침내 힐러리는 내키지 않으면서 매주 태워주게 된 일에 대해 책임을 지고, 그것을 바꾸기 위해 먼저 이야기를 꺼냈다. 그래서 서로 비난하지 않고 대화를 이끌 수 있었다. 관계가 좀 어색해질 수도 있고 특히 제인은 앞으로 알아서 집에 와야 한다는 사실에 신경이 쓰일 수 있다. 그동안 관계가 얼마나 돈독했는지에 따라 결과는 달라진다.

우리는 '지금까지 가만히 있다가 이제 와서 새삼스럽게 어떻게 말하지?'라는 생각에 솔직히 이야기하기를 두려워한다. 아무 문제없다고 여기고 현 상황에 만족해하는 상대가 이런 이야기에 충격을 받을 수도 있다는 사실을 부정할 수는 없다. 개인적인 경험으로 보아 뒤늦게 어떤 사람의 진심을 알게 되면 당황스럽고 화가 나며 상처를 입는다. '왜 저 사람은 지금까지 솔직히 얘기하지 않았지?'라고 의아해한다.

상대가 놀랄 거라고 해서 계속 마음을 숨길 수는 없다. 하지만 상대가 놀랄 거라고 예상하고 덧붙일 몇 마디 말을 준비한다면 어색한 상황을 잘 넘길 수 있다.

▶ 실전 4

힐러리 제인, 말씀드리기가 좀 어색한데요. 분명히 해두지 못한 게 있어서요. 목요일마다 같이 차를 타고 오잖아요. 근데 솔직히 말씀드리면 그게 좀 불편할 때가 있거든요.

제인 그래서요.

힐러리 저, 수업 시작하기 전에 다른 약속이 없는지 확인하면 어떨까요?

제인 그러지 못할 이유가 없죠.

힐러리 그렇게 할 수 있다면 고맙겠어요. 귀찮게 해드리고 싶진 않지만 이따금 다른 약속이 있을 때가 있거든요.

제인 계속 태워주실 필요는 없어요. 원하신다면 안 태워주셔도 돼요.

힐러리 아니에요. 가끔 태워 다 드릴 수 있다면 저도 좋을 거예요. 솔직히 말씀드리면 한 달에 한 번 정도면 좋겠어요. 어때요?

제인 괜찮아요. 전화 주셔서 고맙습니다. 그럼 목요일에 봐요.

힐러리 잠깐만요, 제인. 전화 끊기 전에 사과하고 싶어요. 좀 더 일찍 말씀 못 드린 거 죄송합니다. 좀 놀라셨죠?

제인 음, 그래요. 좀 놀랐어요. 그동안 아무 말 안 해서 괜찮으신 줄 알았거든요. 솔직히 좀 거북하네요.

힐러리 내가 당신이라도 그럴 거예요. 어쨌든 그동안 말씀 못 드린 거 다시 한 번 사과할게요. 절대 당신 잘못이 아니에요. 이해해주셔서 고맙습니다.

제인 괜찮아요.

힐러리 다음 주에 만나요. 안녕.

제인 안녕.

이 정도면 충분하다. 힐러리는 상대의 감정을 묻고 대답을 귀담아 들었다. 반드시 '해피엔드'로 끝내지 않아도 된다. 인간관계에서 솔직하지 않으면 결국 고통스럽다는 교훈만 얻으면 충분하다.

모든 사람이 당신을 의지할 때

여러분이 계속 "예"라고 말하면 사람들은 여러분을 의지하게 된다. 여태껏 그랬듯이 계속 부탁을 들어줄 거라고 생각한다. 물론 그들은 여러분이 이 점을 싫어한다는 사실을 모른다. 여러분은 사람들이 자신을 항상 불평 한 마디 없이 부탁을 들어주는 사람으로 생각하는 것이 불편하다. 누가 상상이나 하겠는가? 여러분 마음속에는 욕구불만이 복잡하게 쌓여 있으며, 사람들을 실망시키고 싶지 않지만 적당한 선은 그어야겠다고 생각하는 내적 갈등을 겪고 있다는 사실을 말이다.

니나와 테리(Nina and Terry)

편모인 니나는 아이들을 위해 제 시간에 퇴근하기를 바란다. 그녀는 사진 촬영 대행사를 경영하는 테리의 개인비서다. 자신의 일을 즐기지만 습관적으로 퇴근 무렵에 시간이 많이 걸릴 일을 맡기는 테리에게 불만스럽다. 테리는 아주 쾌활하게 사과하면서 니나에게 일을 건넨다. 니나는 서둘러 일을 처리하지만 급히 집에 돌아가야 한다는 생각에 극도로 긴장한다.

니나에게는 여러 가지 어려움이 있다. 우선 니나는 그 일을 좋아하고 일자리를 잃고 싶지 않기 때문에 자신이 일 못하는 직원으로 보이는 게 두렵다. 테리는 다정하고 멋진 상사여서 그를 실망시키고 싶지 않다. 그러나 아이를 돌봐주는 이웃 때문에 불안하다. 이웃은 니나에게 호의적이고 심성이 착하지만 한 시간 쯤 늦겠다고 전화하면 그녀가 짜증스러워 한다는 점을 느낀다.

니나는 불가능한 일에 매달리지는 않으나 스트레스가 쌓이다보니 건강이 나빠진다. 잠을 푹 자지 못하고 아이들에게 시달리기 때문에 두통이 심하다. 이는 여러 가지 요구에 대처하기 위해 애쓰면서 육체적으로 긴장하고 표현하지 못한 분노와 절망이 마음속에 쌓였기 때문이다.

그렇다면 니나는 어떻게 한계를 정할 것인가?

그녀의 세 가지 답변은 다음과 같다.

▨ 테리는 퇴근 직전에 일거리를 맡긴다.

❌ 이러지도 저러지도 못하겠다.
❌ 일을 체계화했으면 좋겠다.

니나는 테리가 일을 맡겼을 때 거절하지 못하는 자신의 무능력과 테리의 오랜 습관에 대처하기 위해 두 갈래 접근 방식을 이용해야 한다.

자신의 대응방식에 대해 책임을 지려면 우선 테리의 지시를 효과적으로 거절해야 한다. 하지만 현재 상황에서 니나는 테리가 일을 맡길 때마다 불안감에 사로잡힌다.

따라서 니나는 첫 단계로 테리가 일을 맡길 때를 피해 그와 이야기를 나눌 시간을 따로 내야 한다.

흥미롭게도 이 첫 번째 단계가 아래의 대화에 도움을 줄 수도 있지만 방해가 될 수도 있다.

니나 저, 테리. 잠깐 시간 있으세요? 드릴 말씀이 있는데요.

만일 테리가 시간이 있다고 말하면 니나는 급히 준비도 없이, 그리고 무엇보다 그 '잠깐'이 자신에게 얼마나 중요한지 알리지도 않은 채 무작정 이야기를 시작할 것이다.

사람들은 대부분 우리가 충분한 시간을 요구해야 우리 이야기를 심각하게 여긴다. 불안할 때면 우리는 30분이나 한 시간 정도 시간이 필요할 경우에도 '몇 분'만 내달라고 부탁한다. 하지만 이런 말로 대화를 시작하면 전체 과정을 망칠 수 있다.

니나에게는 '잠깐' 보다 더 많은 시간이 필요하다. 이 특수한 문제를 의논하는 데 아마 최소한 10분은 필요할 것이다.

다음 대화와 앞에서 살펴본 대화의 차이를 생각해보라.

준비작업

니나는 테리의 사무실에 들어가 테리 앞에 선다. 그가 니나를 쳐다본다.

니나 테리, 의논드릴 게 있어요. 10~15분 정도 걸릴 겁니다. 언제가 좋을까요?
테리 무슨 얘긴데요?
니나 우리 두 사람에게 시간이 날 때까지 기다리겠습니다. 언제 만날까요?
테리 오늘?
니나 네, 4시 전에 만날 수 있을까요?
테리 (다이어리를 들여다보고) 3시 반이면 되겠어요?
니나 좋아요. 그 때 뵙겠습니다.

이 실례에서 니나는 평소와는 다른 방식으로 대화를 요청함으로써 자기가 전할 메시지의 중요성을 부각시켰다. 왜 굳이 이렇게 해야 하는가? 실제로 니나에게나 테리에게 이 대화가 중요한 영향을 끼치기 때문이다.

이제 니나의 문제를 해결하는 다음 단계를 살펴보자.

준비작업
3시 30분, 니나가 테리의 사무실로 들어와 앉는다.

니나 시간 내 주셔서 고맙습니다, 테리. 참 어색하네요. 사실 이 얘기를 해도 될지 몹시 걱정스러워요. 하지만 퇴근 직전에 제게 일을 맡기시는 것에 대해 하고 싶은 말이 있습니다.

테리 (무슨 말인지 알겠다는 듯이 웃는다.) 알아요. 내가 체계적으로 일을 처리하지 못해요. 너무 바쁘니까.

니나 그건 알아요. 전 사장님을 실망시키고 싶지 않아요. 그래서 뒤늦게 일을 맡기실 때 거절하기가 너무 어렵답니다. 때문에 일을 맡기실 때 적어도 오후 2, 3시 전에 주시도록 정했으면 좋겠어요. 아시다시피 제가 4시에 퇴근해야 되잖아요.

테리 음, 노력은 할게요. (어깨를 으쓱대며) 하지만… '아마 불가능할 걸.'

니나가 자신의 문제를 알릴 기회는 얻었지만 문제를 해결할 수 있을지는 테리에게 달려있다. 다음번에 테리가 3시 45분 쯤 일을 맡긴다면 니나는 분명한 한계를 정하는 일이 만만하지 않다고 느낄 것이다. 사람들은 자신의 요구가 월권행위가 아닐까하는 불안감과 두려움 때문에 망설인다. 니나는 테리에게 행동을 바꿔달라고 요구하고 있다. 하지만 좀 더 평등한 대화를 나누려면 그녀는 훨씬 더 분명하게 한계를 정해야 한다. 이는 개인적인 힘에서 매우 중요한 요소다. 다음 실전 2를 살펴보자.

▶ 실전 2

니나 시간 내 주셔서 고맙습니다, 사장님. 말씀드리기가 좀 어색하지만 저에겐 해결책 찾는 일이 중요해서요. 사장님께서 제가 4시 쯤 퇴근하려고 할 때 자주 일거리를 주시잖아요. 실망시켜드리고 싶지 않아서 차마 거절하지 못하지만 그럴 때면 일을 제대로 하고 싶은 마음과 집에 가봐야 한다는 생각에 어쩔 줄을 모르겠어요.

테리 그래서 어떻게 했으면 좋겠습니까?

니나 앞으로 그 날 마쳐야 할 업무는 늦어도 2, 3시까지 주셨으면 좋겠어요. 만약 그 다음에 일을 맡기신다면 안 된다고 말씀드릴 겁니다. 어떠세요?

테리 (약간 놀라며) 그것 때문에 그렇게 힘든지 몰랐군. 여기 일이라는 게 어떤지 니나도 잘 알잖아요.

니나 알아요, 바쁘다는 거. 그래서 만일의 경우를 대비해 계획을 세우려고 미리 말씀드리는 거예요. 재니스에게 도와달라고 부탁할 수도 있겠죠. 전 제 시간에 꼭 퇴근해야 합니다.

테리 (잠시 생각하더니) 음, 내가 체계적이지 못하다는 건 알아요….

니나 3시를 마감시간으로 정하신다면 도움이 될 거예요. 하지만 힘드시다면 재니스에게 도와달라고 부탁할 수 있잖아요. 어때요?

테리 그래요, 한 번 해봅시다.

니나 (자리에서 일어나며) 시간 내 주셔서 고맙습니다. 사장님. 우리가 잘 해낼 수 있으면 좋겠어요.

이렇게 해서 니나는 협상에 성공했다. 손에 땀이 나고 심장이 두근거리는 통에 아마 그녀는 제정신이 아니었을 것이다. 하지만 결국 원하는 바를 얻었다. 자신의 대담한 행동 때문에 일어날 온갖 끔찍한 결과에 대해 생각하면서 마음을 졸였겠지만 이 방식이 효과를 거둔 것이다. 이 방법을 사용하면 지위가 높고 권위 있는 사람을 대할 때라도 여러분이 상황을 통제할 가능성이 예상외로 많다.

12장

직장에서 권위 행사하기

체계적인 구조에서 수직적인 힘을 행사하는 일반적인 방법이 두 가지 있다. 힘을 무기처럼 휘두르거나 뜨거운 벽돌처럼 떨어트리는 것이다. 아랫사람에게 권위를 행사하면서도 그들과 허심탄회하게 대화를 나누겠다는 태도를 지닌 사람은 매우 드물다. 어떤 사람들은 아랫사람을 억누르고 싶지 않아서 힘을 휘두르지 않으려고 자제한다. 그러나 가까운 사람들에게 적절한 한계를 정하지 못하면 이 역시 상대를 억압하는 일이다. 이를테면 사람들은 책임을 회피하거나 하기 싫은 일이라도 사랑받고 싶은 마음에 거절하지 못하지만 문제를 회피하고 경계를 분명히 하지 않는다면 이는 뻔뻔스러운 착취나 다름없다. 낮은 위치에 있는 사람의 고유한 평등성을 인정하지 않고 힘을 남용하는 행위이기 때문이다. 따라서 권위를 명확하게 행사해야 한다.

벤과 팀원들(Ben and the team)

 벤은 대규모 은행의 국장이다. 벤의 부서원 세 명은 18개월 동안 지역 투자 프로그램 개발에 엄청난 노력을 기울였다. 그러나 벤은 자금 공급이 중단되어 프로젝트가 취소되었다는 통보를 받았다.

 벤은 팀원들에게 그 사실을 알리기가 두렵다. 그 팀의 비공식적 대표라 할 수 있는 웬디 때문이다. 벤은 까다로운 웬디를 싫어한다.

 이런 경우 사람들은 대개 앞서 힐러리와 제인의 상황에서 설명했던 '치고 달리기' 방식을 이용한다. 즉 벤은 직접 어려운 소식을 전하지 않고 전자우편으로 보내거나 팀원들이 간접적으로 듣도록 넌지시 흘릴 수 있다.

 솔직하게 이야기하려면 용기가 필요하다. 이런 상황에서 솔직하게 이야기하지 않는다면 이는 아랫사람에 대한 억압이나 마찬가지다. 반드시 권위적인 태도를 취하거나 정당한 힘을 행사해야만 상대(친구, 자녀, 고객 등)를 억압하는 것은 아니다. 소식을 전한 다음에 일어나는 일, 즉 우리의 행동에 대해 그들이 느끼는 감정을 표현하도록 기회를 줘야 한다. 상대가 상처를 입거나 화를 내는 상황을 피하기 위해 우리는 감정을 표현할 권리를 그들에게서 박탈한다. 이것이 수직관계에서 일어나는 가장 흔하고 정당화되는 억압이다.

벤은 용기를 내 소식을 직접 알리기로 결심하고 팀원들을 자기 사무실로 부른다.

준비작업
웬디, 메리, 트리시가 도착해서 앉는다.

벤 저, 와줘서 고마워요. 나쁜 소식이 있어요. 사실 매우 나쁜 소식입니다. (세 여자의 시선이 자신에게 쏠리는 것을 느끼고 숨을 몰아쉰다.) 프로젝트에 자금 공급이 중단되었습니다.

웬디, 메리, 트리시 뭐라고요??!!

벤 (더욱 긴장하며) 그렇습니다. 저도 어제 소식을 듣고 너무 놀랐습니다. 여러분도 분명 그렇겠지요.

웬디 믿을 수가 없어요. 왜죠?

벤 나도 자세한 건 모릅니다….

웬디 그러니까 말씀 안하시겠다는 뜻인가요?

벤 아니에요. 나도 전말을 다 알지 못합니다. 그냥 결정만 통보받았습니다. 정말 미안합니다.

웬디 미안하다고요? 세상에, 미안하다면 그만인가요? 우리가 이 프로젝트에 얼마나 심혈을 기울였는지 아시잖아요. 정말 말도 안돼요. (팀원들 쪽으로 돌아서다가 갑자기 벤을 쳐다본다.) 정말 이 결정과 관계없으십니까?

벤 (이제 짜증이 나서) 나한테 뭐라고 해봐야 소용없어요. 나도 어쩔 수 없습니다. 안타깝게 생각합니다만 이제 그만 회의를 마쳐야겠군요. 나가보시죠, 아가씨들.

그들은 일어나 나간다.

웬디 이렇게 끝낼 순 없습니다.

벤은 자리에 앉아 '쉬운 방법을 택할 걸' 하며 후회한다. 하지만 그는 팀원들의 반응을 수용해야 한다. 우리는 상대의 감정이 고조되면 위협을 느껴 걷잡을 수 없이 격해지기 전에 황급히 억누르거나 아예 제거해버린다. 벤은 이런 상황에서 세 여자의 감정을 불편하게 여기고 피하려 해서는 안 된다. 그들의 감정을 충분히 이해하고 진심으로 인정해줘야 한다. 이제 실전 2를 살펴보자.

▶ 실전 2

벤 와줘서 고맙습니다. (숨을 깊이 들이마신다.) 어떻게 얘기해야 할지 정말 난감합니다. 하지만 여러분께 정말, 정말 나쁜 소식을 전할 수밖에 없군요. 이사회에서 프로젝트를 취소했다고 제게 통보해왔습니다.

모두 뭐라고요??!!

벤 (고개를 끄덕이며) 저도 압니다. 너무나 충격적이지요. 방금 소식을 듣고 저도 너무 놀랐습니다. 여러분 모두 이 일에 심혈을 기울였으니 어떤 기분일지 짐작합니다.

웬디 이유가 뭐죠? 이해할 수가 없습니다.

벤 (어깨를 으쓱대며) 자금 제공 계획에 변화가 있었다는 사실 외에 나도 잘 모르겠습니다.

웬디 우리가 얼마나 이 일에 매달렸는지 잘 아시잖아요. 국장님은 거기 가만히 앉아계시면 그만이었지만 우리는 정말 녹초가 되도록 일했다고요.

벤 저도 잘 압니다.

웬디 (벤을 의심스러운 눈초리로 쳐다보며) 국장님은 이 결정과 관계없으십니까?

벤 관계없습니다. (웬디를 똑바로 쳐다보며) 비난하고 화풀이할 대상이 필요하다는 거 잘 압니다. 제가 여러분 처지여도 그럴 거예요. 나한테 덮어씌우면 기분이 좀 풀리겠지만 안타깝게도 그런다고 결정이 바뀌지는 않을 겁니다. 내가 내린 결정이 아닙니다.

메리 정말 믿을 수가 없어요.

트리시 알아요, 저도 그래요.

웬디 그러니까 어쩔 수 없다는 말씀이세요?

벤 현재로서는.

(마무리)

벤 여러분, 충격적인 일이지만 여기서 회의를 마쳐야겠군요. 더 자세한 내막을 알아보고 재고의 여지가 있다면 곧바로 알려주겠어요.

(자리에서 일어나며) 이렇게 끔찍한 소식을 전하게 되어 여러분 모두에게 정말 미안합니다. 새로운 소식이 있으면 다시 연락하겠습니다. 약속합니다.

항상 해피엔드일 수는 없다. 하지만 벤은 상대를 억압하지 않고 상황을 처리했다. 미움을 받을까봐 두려워 책임을 회피하지 않았고 분명하고 솔직하며 '인간적인' 모습을 보였다. 이것이 두 가지 힘의 균형을 맞추는 방식이다. 다음 시나리오에서도 이 문제가 관건이다.

알리슨과 마이크(Alison and Mike)

알리슨은 지방정부의 인사부장이다. 교육 담당 국장 가운데 한 사람인 마이크는 알리슨에게 한 번도 월간 예산 보고서를 제출한 적이 없다. 그녀는 마이크에게 예산안을 제출하라고 요구할 공식적인 권위를 지니고 있지만 개인적인 이유로 그렇게 하지 않는다. 둘 사이에 애정의 기운이 감돌고 있으며 알리슨이 특히 마이크를 흠모한다.

그녀는 이미 마이크에게 계약상 월간 보고서를 제출해야 한다고 공식적으로 통보했지만 소용없었다. 이제 알리슨은 마이크에게 구두 경고를 내려야겠다고 마음먹었다.

알리슨의 세 가지 질문에 대해 명확한 답을 찾았다.

- 마이크는 보고서를 제출하지 않는다.
- 불만스럽다.
- 구두로 경고해야 한다.

준비작업

알리슨은 전화를 걸어 마이크를 자기 사무실로 부른다.

알리슨 안녕, 마이크. 와줘서 고마워요. 앉으세요.
마이크 이거 공식적인 만남이죠, 그렇죠?
알리슨 마이크, 예산 보고서 문제에 대해 얘기 좀 해야겠어요.
마이크 또 잘못했단 말이군요.
알리슨 마이크, 난 심각하게 말하는 거예요.

마이크가 알리슨을 향해 미소를 짓자 그녀는 마음이 약해진다.

알리슨 (평정을 유지하려고 애쓰며) 마이크, 구두 경고를 줘야겠어요.

마이크 이미 하지 않았나요?

알리슨 유감스럽게도 그랬지요.

마이크 한 번만 더 기회를 주실 수 없습니까? 알다시피 나도 노력하고 있어요. 5월에 제출했지요, 그렇죠?

알리슨 그래요, 5월에 받았어요, 하지만 그 이후로는 제출하지 않았지요.

마이크 난 당신이 맡은 임무를 충실히 수행한다는 점을 존경해요. 하지만 이번 한 번만 봐줘요. 최선을 다하기로 약속할게요. 지켜보세요.

알리슨 (그에게 매료되어) 잘 모르겠어요. 마이크. 난 내 임무를 다해야 해요. 알잖아요.

마이크 당신 훌륭하게 하고 있어요. 아주 훌륭하게. 그러니까 당신 말 명심하고 노력할게요. 날 믿어요.

 알리슨은 뭐라고 말해야 할지 몰라 망설인다.

마이크 알리슨, 이번 달 말까지 기다려줘요. 제 때에 제출할게요. 괜찮죠?

 알리슨이 항복한다.

 마이크가 나간 다음 알리슨은 심기가 편치 않다. 그녀는 마이크가 변할 수 있도록 더욱 단호하게 대해야 했다고 생각한다. 정말 마지막 기회를 줘야 할까?

이 상황은 한계와 관련된 문제다. 우리는 대부분 다른 사람에게 사랑받고 싶은 욕구 때문에 경계를 분명히 하지 못한다. 개인적인 힘을 유지하고 정당한 힘을 행사하려면 선을 분명히 그어야 한다. 알리슨은 자신의 책임과 좋아하는 사람에게 '매력적'으로 보이고 싶은 욕구 중에서 우선순위를 정해야 한다. 정에 약한 사람에게 이는 결코 쉬운 일이 아니다. 알리슨이 마이크를 기쁘게 해주고 싶다는 욕구를 따르면 책임을 완수할 수 없다. 반면 일을 더 중요하게 여기고 존경 받고 싶다면 마이크를 권위적으로 대해야 한다.

▶ 실전 2

알리슨 안녕, 마이크. 앉으세요.

마이크 이번에는 내가 또 뭘 잘못했나요?

알리슨 난감하기는 하지만 구두 경고를 내리기 위해 당신을 불렀어요. 당신이 매우 유능한 직원이라는 걸 알고 있지만 이럴 수밖에 없어서 정말 속상해요. 하지만 예산보고서 제출은 계약서에도 명시된 의무잖아요.

마이크 꼭 그대로 해야 하나요? 예외가 있잖아요.

알리슨 유감스럽지만 그대로 해야 해요. 그러니 당신에게 구두경고를 내릴 수밖에 없어요.

마이크 5월에 제출했잖아요. 제발, 이번 달 말까지 시간을 좀 주세요. 정말 노력할게요.

알리슨 (마이크를 똑바로 쳐다보며) 마이크, 아까도 말했듯이 이러기가 쉽지 않아요. 정말 미안하지만 이게 내 임무예요. 전에도 몇 차례 요구했는데 당신이 듣지 않았어요. 원칙대로 해야죠. 아시잖아요.

마이크 단호하시군요.

(마무리)

알리슨 (형식적인 어조로) 이쯤 해두죠, 마이크. 이 경고를 계기로 변화하기를 바랄게요. 당신을 잃는다면 슬플 거예요. 당신은 훌륭한 직원이니까요. (일어서서 마이크를 위해 문을 열어준다.)

알리슨은 전문가로서 한계를 분명히 정하고 자신의 임무를 잊지 않았다. 대화를 공적으로 이끌어가면서 그녀는 상대에게 매력적으로 보이고 싶은 욕구에 연연하지 않고 임무를 완수할 수 있었다. 이 실례에서 개인적인 힘의 또 다른 면, 즉 때로는 사랑받고 싶은 욕구를 접고 맡은 임무를 성실하게 완수하려는 태도를 볼 수 있다.

❝ 13장

적인가, 평등한 인간인가?

 자신의 개인적인 힘을 깨달으면 수직적인 힘과 균형을 맞추기가 더욱 쉬워진다. 이 과정에서 우리의 태도가 다른 사람에게 얼마나 큰 영향을 끼치는지 더 확실히 알 수 있다. 특히 갈등 상황에서 상대는 무조건 적이라는 사고방식에 큰 영향을 준다.

 상대가 공격할 것이라고 예상하면 우리는 으레 상대를 경쟁자나 라이벌처럼 대립하는 사람으로 여긴다. 이런 습관을 버리기는 어렵다. 원칙적으로 개인적인 힘과 평등의 중요성을 잘 알고 있지만 공격적인 동료나 불친절한 상점 점원을 대하면 상대가 의도적으로 우리 기분을 상하게 한다고 확신한다. 이 '확신'은 즉시 비난이라는 반격을 일으킨다.

 이렇게 공격적인 태도를 취하지 않으려면 상대에 대한 이미지를 바꿔야 한다. 짜증나게 하는 이웃, 지긋지긋한 상사,

위협적인 동료의 이미지뿐만 아니라 그들에게서 인간이라는 이미지를 발견해야 한다. 상대를 적으로 인식하지 않으면 적처럼 행동하지 않는다는 사실을 발견할 것이다.

점원은 적이 아니다.

케이트와 이웃(Kate and her neighbour)

안마사 케이트가 화창한 토요일 오후 고객에게 안마를 해주고 있을 때 이웃이 매우 시끄러운 음악을 틀었다. 케이트는 '조용한 환경에서 고객에게 안마를 해줘야 하는데 야단 법석을 떨다니 이렇게 이기적인 사람이 있나' 라는 생각에 짜증이 났다.

누군가 우리의 영역을 침입하면 당연히 화가 난다. 공해라고 할 수 있는 소음이 우리의 영역을 심하게 침입한다. 소음 안에 속해있을 경우에는 문제가 되지 않지만 밖에 있을 경우에는 문제가 된다. 소음이 침입하면 보이지 않는 장벽이 무너진다. 즉 여러분의 개인영역이 침입을 받은 것이다.

케이트는 먼저 5층에 있는 자기 집 테라스에서 옆집 지하실에 있는 침입자들에게 소리를 지르고 싶은 충동을 느꼈다. 그러면 복수를 당하지 않을 만큼 안전한 거리에서 자신의 분노를 어느 정도 표현할 수 있을 것이다. 그녀는 이미 전투 양상에 뛰어들었다. 그러나 이 정도 거리에서 고함을 지르면 상대를 자극하기만 할 뿐 자신이 원하는 결과를 얻을 수 없다.

이런 상황에서 우리는 언제나 선택의 기로에 직면한다. 과연 이 문제가 중요한가? 참고 견딜 수 있을까 아니면 조치를 취해야 하나? 조치를 취하기로 결정한 경우 사람들은 원하는 결과를 얻고 싶어 한다. 그래서 확실히 승리할 수 있도록 강압적인 전술을 쓰거나 우리의 요구를 전달하고 상대가 받아줄 가능성이 높은 전략을 시도한다.

상대를 위협하고 공격을 가하거나 거들먹거리고 무시하는 사람의 요구는 아무도 귀담아 듣지 않는다. 방어적인 태도를 취하며 눈과 귀를 닫아버린다. 따라서 상대에게 중요한 사실을 전하고 인정받고 싶다면 전투태세를 버려야 한다.

그러면 예상과는 달리 상대가 자신의 행동이 여러분에게 어떤 영향을 끼치는지 모른다는 사실을 알 수 있다. 대화란 상대에게 이런 영향을 전달하고 변화나 타협을 요구하는 과정이다. 전투태세를 버리고 대화를 나누면 사람들은 대부분 협조적으로 대한다.

물론 소수의 사람들은 그렇지 않다. 그런 사람들에게는 좀 더 형식적인 전략을 쓸 수 있지만 그 전에 아래의 방법을 이용하고 결과를 지켜보라. 그렇다고 항상 원하는 것을 얻는다는 뜻은 아니지만 처음부터 상대가 잘못했다고 비난하기보다 기회를 주면 원하는 것을 얻을 확률이 매우 커진다.

케이트는 이웃을 방문하기로 결심했다. 그들을 잘 모르기 때문에 그녀는 몹시 긴장했지만 용기를 내어 옆집 지하실로 내려간다.

그녀의 세 가지 답변은 다음과 같다.

❎ 시끄러워서 일하는 데 방해가 된다.

❀ 짜증난다.
❀ 그들이 음악소리를 줄이거나 아예 꺼주면 더 좋겠다.

케이트는 지하실 초인종을 누른다. 반응이 없다. 그녀는 '음악소리가 좀 커야지'라고 혼잣말을 한다. 문을 두드린다. '포기하고 돌아갈까' 하고 생각해본다. 30분 있으면 다음 고객이 오기로 되어 있다. 다시 한 번 문을 세게 두드리자 다가오는 발자국 소리가 들린다. 문이 열리고 젊은 남자가 몹시 피곤한 표정으로 그녀를 빤히 쳐다본다.

케이트 음악 소리 때문에 주인한테 드릴 말이 있어요.

남자는 말없이 가버린다. 문은 여전히 열려 있다.

케이트는 몇 분 정도 기다리다가 큰 소리로 "이봐요"라고 소리친다.

한 여자가 나타나 퉁명스럽게 "네?"라고 대꾸한다.

케이트 안녕하세요. 이런 말 드리기가 좀 거북하지만 전 옆집에 사는 이웃인데 오후에 일을 해야 하거든요. 댁의 음악소리 때문에 머리가 아파서 말이에요, 소리 좀 낮춰주시면 고맙겠습니다.

이웃 (괴롭다는 표정으로) 너무 더워서 창문을 닫을 수가 없어요. 오늘은 주말이고… 그쪽이 일하는 게 제 잘못은 아니잖아요.

케이트 그래요. 덥죠. 이봐요, 댁 잘못이 아니라는 건 나도 알고, 재미있게 지내는 데 흥을 깨고 싶지는 않지만 전 토요일마다 일을 해야 해요. 전 그냥 서로 조금만 양보하자고 부탁드리는 거예요.

이웃 (한숨을 쉬며) 노력해볼게요.

 케이트는 어깨를 으쓱거리고는 집으로 돌아온다. 10분 후 음악소리가 약간 낮아졌다. 아예 꺼주면 더 좋았겠지만 이 상황에서 더 이상 바라기는 무리라고 생각한다. 이 경험에서 케이트는 모든 사람이 적은 아니라는 점을 깨닫는다.

 상대를 적으로 보는 한 긍정적인 대화를 할 수 없다. 이것이 이 사례의 핵심이다. 공격하고 복수하며 거들먹대거나, 경쟁하고 공격하면서 짜릿함을 느끼거나, 혹은 마침내 상대를 굴복시켜 승리감에 도취될 수 있다. 하지만 일방적으로 명령을 내리는 게 아니라 서로에게 도움이 되는 대화를 하려면 어떤 사람을 '괴물', '너무나 이기적인 나쁜 놈' 혹은 '근본적으로 질이 나쁜 실패작'이라고 생각지 말고 사고방식을 크게 바꾸어야 한다.

클레어와 데이브(Clare and Dave)

인재개발부장인 클레어는 팀이라는 국장의 교양 없는 행동에 대한 불만 사항을 여러 번 받았다. 그녀는 이 사실을 CEO인 데이브에게 전했다. 하지만 그는 팀이 자기 친구라는 이유로 아무 조치도 취하지 않았고 따라서 상황은 개선되지 않는다. 클레어는 데이브가 교활하고 다른 사람이 뭐라 하든지 눈도 깜박하지 않는 인물이라는 사실을 잘 안다. 그는 무능하고 거만하며 믿을 수 없으며 변태라고 생각한다. 한마디로 클레어는 데이브를 경멸한다.

그녀는 싸우지 않고 한마디 하려고 한다. 그러려면 그를 적으로 생각해서는 안 된다.

클레어는 만날 약속을 정한다. 다음은 그녀의 세 가지 답변이다.

- ▧ 데이브가 불만 사항을 처리하지 않는다.
- ▧ 화가 치밀어 어쩔 줄을 모르겠다.
- ▧ 그가 이 일을 처리하면 좋겠다.

클레어가 데이브의 사무실로 들어간다.

클레어 데이브, 제겐 이 상황이 좀 힘듭니다.

데이브는 클레어를 바라보며 기다린다.

클레어 간단히 말씀드리죠. 아시다시피 팀의 행동에 대한 불만 사항을 많이 받았습니다. 그런데도 아무 조치도 취하지 않으시네요. 그러시는 이유를 알고 싶습니다.

데이브 (신경을 곤두세우며) 무슨 얘기를 하는지 잘 모르겠군. 내 나름대로 알아봤는데 내가 아는 한 아무도 불만이 없던데. 확실히 알아본 다음에 나를 비난하는 게 좋겠어. (한참 동안 위협적인 표정을 짓는다.)

　두 사람은 이제 전투 양상으로 접어든다. 클레어는 자신이 긴장하고 있으며 앞에 있는 이 남자를 혐오한다는 사실을 명백히 깨닫는다. 그녀는 싸움을 벌일지 후퇴할지 혹은 마음을 진정해야 할지 선택해야 한다.

　클레어는 전투를 그만두고 개인적인 힘을 발휘하기로 결정한다.

클레어 (숨을 깊이 들이마시며) 사장님과 싸우고 싶지 않습니다. 사장님은 제 상사이시니 그래봐야 소용없죠. 전 그냥 직원 세 사람이 제게 팀에 대해 불평했다는 말을 드리고 싶은 거예요. 그 사실을 사장님께 전했는데 아무 조치도 없었어요. 이 불만사항을 적절히 처리해 주시길 바랄 뿐입니다. 나 개인이 아니라 부서와 관련된 중요한 문제입니다. 그것뿐이에요. 아무 조치도 취하지 않으신다면 계속해서 문제가 발생할 테고 그러면 우리에게 해로울 겁니다. (일어선다.) 고려해 주셨으면 합니다. 사장님. 더 이상 사장님 시간 빼앗지 않겠습니다. (데이브를 똑바로 쳐다보며) 시간 내 주셔서 고맙습니다.

클레어는 앞으로 결코 데이브를 좋아하지 않을 것이다. 하지만 자신이 원하는 바를 분명하게 전달하고 홀가분하고 깔끔하게 자리를 뜰 수 있었다. 진정한 힘을 얻을 수 있는 행동이었다. 데이브는 전혀 바뀌지 않을지도 모르나 클레어는 자신에게 충실하며 살아갈 수 있다.

적이 우리보다 더 큰 수직적 힘을 지녔다고 두려워하면 우리는 자신을 사다리 구조에 갇혀 현재 상황에 아무런 조치를 취하지 못하는 무력한 존재로 보게 된다. 상대가 적이라는 생각을 버리면 변화를 위한 작은 발걸음을 내디딜 수 있다.

스코트와 동료들(Scott and his colleagues)

스코트는 슈퍼맨 같은 체격과 힘을 지니고 싶어 한다. 직장에서 자신을 괴롭히는 동료들에게 끔찍하게 복수하고 싶기 때문이다.

그는 호텔 주방에서 일하는 20대의 유능한 요리사다. 성가신 싸움을 피하기 위해 직장을 몇 번 옮겼고 이번이 세 번째 직장이다. 그는 수직 사다리에서 높지도, 낮지도 않은 위치에 있지만 동료 요리사들과 잘 어울리지 못한다. 모든 사람들이 온갖 일을 시키며 그를 못살게 굴면서 그런 상황을 즐기는 것 같아 그는 극도로 괴롭다.

스코트는 수줍음을 잘 타고 내성적이다. 비록 스코트가 전혀 다른 성격의 사람이 되기를 바라지만 자기의 모습을 바꾸기는 어렵다. 하지만 현재 상황을 파악하고 조치를 취하겠다고 결정할 수 있다.

준비작업
스코트는 파슬리를 다지고 있다. 미첼이 다가와 감자 자루를 그의 옆으로 던진다.

미첼 감자 좀 손질해. 급히 필요하거든.
스코트 하지만 지금 하는 일을 끝내야 하는데….
미첼 (무섭게 노려보며) 내가 시키는 대로 해. 알겠어? (자리를 뜬다.)
5분 후 게리가 야채를 들고 와 카운터에 털썩 내려놓는다.

게리 5분 후에 쓸 거니까 씻어 놔.

다들 이런 식이다.

위협을 받은 스코트는 어쩔 줄 모른다. 몹시 분개하며 동료들을 혐오하지만 어쩌지 못한다. 현실과는 달리 높은 위치에서 그들을 위협하는 자신의 모습을 상상해본다. 하지만 현재 상황을 바꾸려면 사다리에서 내려와야 한다. 다른 사람들이 자신을 어떻게 대하든 상관없이 자신도 그들과 같은 위치에 있는 동등한 인간으로 생각해야 한다.

✖ 다른 사람들이 어떻게 하는가? 스코트가 일을 마칠 겨를을 주지 않고 다른 일을 시킨다.

✖ 현재 기분은 어떤가? 불만스럽고 화가 난다.

✖ 무엇을 원하는가? 경계를 정하고 싶다.

▶ 실전 2

스코트가 파슬리를 다지고 있다. 미첼이 감자 자루를 들고 다가온다.

미첼 이것 좀 손질해. 지금 써야 하거든.

스코트 미첼, 난 이 일을 먼저 끝내야 해. 감자는 10분쯤 뒤에 손질할 수 있을 거야. 괜찮지?

미첼 빌어먹을, 지금 뭐라고 지껄이는 거야? 내가 당장 필요하다고 했잖아.

스코트 (눈을 똑바로 마주치며) 미안해, 미첼. 지금은 못해. 파슬리를 끝내야 한다고. 5분 쯤 기다린다면 기꺼이 해주지.

　미첼이 매우 화난 듯 하지만 그냥 자리를 뜬다.

　스코트는 계속 파슬리를 다진다. 그는 몹시 떨고 있으며 아무도 자신이 진땀 흘리는 모습을 보지 않아서 안심한다. 이따금 이런 한 번의 사건을 계기로 툭하면 괴롭힘을 당하는 사람의 인생이 완전히 바뀐다. 이제 그는 자신감이 생겼다.

　게리가 상추 몇 단을 들고 다가온다.
게리 이것 좀 빨리 씻어.
스코트 알았어, 게리. 파슬리 다 다지고 (감자자루를 가리키며) 미첼이 가져온 감자 손질이 끝나면 바로 해줄게. 한 20분쯤 걸릴 거야. 그때까지 기다릴래 아니면 다른 사람에게 부탁할래?

　게리는 믿을 수 없다는 표정으로 스코트를 쳐다본다. 스코트가 공격하지 않았으므로 게리는 화가 나서 분통만 터뜨릴 뿐 시비를 걸지 못한다.

스코트는 다른 사람들의 억지명령에 차례로 도전하여 자신이 그렇게 호락호락하지 않다는 점을 증명했다. 이것이 개인적인 힘이다.

'낮은' 위치에서 상대에게 압도당한 채 무력감을 느끼지 말고 사다리에서 완전히 내려와서 자신과 상대를 동등한 인간으로 생각하라. 그러면 자신이 처한 현실을 개선하는 방향으로 전진할 수 있다.

14장

인간관계의 평등

  평등이 가장 잘 유지되는 관계는 아마 우정일 것이다. 나이와 상관없이 우정은 평등에 기초를 두고 있다. 나이, 직위, 지위 등 위계조직이 존재하는 모든 인간관계에서 평등을 이루기란 매우 어렵다. 우리는 눈에 보이지 않지만 주변의 여러 가지 사회적 사다리에 크게 영향을 받는다. 이 사다리란 때로는 예의를 지키고 싶다는 욕구에 불과하지만 때로는 다른 삶의 욕구를 존중하겠다는 선택이기도 하다. 하지만 사람들은 으레 사다리 구조를 근거로 관계에 반응하기 때문에 평등해질 수 있는 관계에서도 평등을 주장할 생각조차하지 않는다.

  친밀한 관계에서도 상위 권력/하위 권력 구조가 여전히 지배적이다. 평등하게 보이는 현대사회에서조차도 남성과 욕구가 대립할 경우 여성은 자신이 차별을 받는다고 생각한다.

  우리는 개인적인 힘을 지키거나 버릴 수 있다. 그런데도 다양한 연령의 수많은 여성이 친밀한 관계에서 자신의 평등을 주장하지 못해 불평등한 관계를 감수하고 있다. 여성은 자신의 뜻을 솔직히 밝히지 못하고 상대의 의견에 이의를 제기하기보다는 차라리 입을 다물어버린다. 공격을 받을 때도 갈등상황을 두려워한 나머지 용기를 내어 자신의 태도를 확실히 밝히고 고수하지 못한다.

  그렇다면 인간관계에서 어떻게 자신의 개인적인 힘을 발휘할 수 있을까? 그러려면 먼저 승리자/패배자 체계에서 벗어나겠다고 단호하게 결심해야 한다. 또한 갈등상황은 싸움이 아니라 여러분과 상대의 차이를 경험할 기회라는 사실을 알아야 한다. 상대와 의견과 욕구가 다를 경우 이따금 갈등이 생기지만 갈등이 반드시 불화를 뜻하는 것은 아니다. 갈등 상황이라도 세 가지 질문의 명확한 답을 찾는다면 긍정적인 대화를 나눌 수 있다.

  여성은 흔히 남성이 감성적이지 못하다고 불평한다. 많은 남성들이 개인적인 여러 이유로 자신의 감정을 표현하기를 불편해 한다. 하지만 이는 여성이 먼저 자기의 감정을 명확히 밝히지 않기 때문이다. 여성은 자신들이 감정이 풍부하다며 자부심이 대단하지만, 대부분의 경우 그 감정을 명확히 밝히지는 못한다. 또한 감정의 늪에 빠져 간단한 요구 하나에도 지금껏 처리하지 못했던 갖가지 다른 감정을 담아 전달한다. 상대편 남자는 겉보기에는 간단한 요구의 의미를 이해하려고 노력하다가 결국 훨씬 복잡한 감정에 휘말려 예상치 못했던 공격과 신랄한 비판에 직면한다.

여성은 남성의 둔감함에 대해 불평하기보다는 자신의 복잡한 감정을 파악하고 원하는 것을 구체적으로 확인해야 한다. 또한 교묘한 술책을 이용해 원하는 결과를 얻으려고 애쓰기보다는 솔직하고 분명하게 자신의 뜻을 전달해야 한다. 문제를 일으키지 않으려고 지나치게 노력하는 여성은 감정적으로 독립하기가 매우 어렵다. 이런 경우 인간관계에서 볼 수 있는 온갖 문제가 발생한다.

크리시와 제드(Chrissie and Jed)

크리시와 제드는 함께 살고 있다. 제드와 대학 시절 가장 친했던 친구인 마이크가 영국에서 프로젝트를 개발하는 석 달 동안 그들의 집에서 함께 지내기를 바란다. 제드는 기껏해야 서너 달 동안이니 크리시가 반대하지 않을 거라고 짐작하고 전자우편으로 그래도 좋다고 답장을 보낸 후 크리시에게 사실을 알렸다.

크리시는 왠지 기분이 상했지만 구체적인 이유는 모른다. 그녀는 제드에게 자신의 감정을 설명하려고 했으나 제드는 심각하게 여기지 않는다. 제드는 그저 먼저 의논하지 않아서 크리시가 화가 났다고 생각한다.

오랫동안 생각한 끝에 크리시는 세 질문에 대한 답을 분명히 찾았다.

❈ 제드는 마이크와 함께 지내기를 원한다.
❈ 기분 나쁘다.
❈ 제드가 생각을 바꾸었으면 좋겠다.

답변을 찾는 동안 크리시는 자신이 마이크와 함께 지내기를 싫어한다는 사실을 깨달았다. 마이크를 단 한 번 봤을 뿐이며 전혀 좋아하지도 않는다. 그러므로 그렇게 오랫동안 함께 지내는 일은 말할 필요도 없다. 더구나 지금 사는 아파트가 좁기 때문에 마이크가 오면 크리시가 좋아하는 방을 내주어야 한다. 그 방은 크리시가 힘든 하루를 보낸 다음 혼자만의 시간을 가지는 장소였다.

마이크와 함께 지내는 것이 싫은 이유를 정확히 깨달은 후 크리시는 제드에게 말하기로 결심했다. 크리시는 제드가 분명 자신을 이기적이라고 생각하겠지만 몇 달 동안 답답하게 지내고 싶지 않다고 결론을 내렸다.

준비작업
아침 일찍 제드와 대화를 나누기로 결정한다.

크리시 제드, 얘기 좀 할 수 있을까?
제드 뭔데?
크리시 마이크 문제에 대해 생각해 봤는데 난 마이크와 함께 지내기 싫어.
제드 제발, 크리시. 그 얘긴 다 끝났다고 생각했는데.
크리시 하지만 왜 그런지는 설명하지 않았잖아. 마이크가 오면 내가 쓰는 방을 줘야 하는데 난 그럴 만큼 마이크를 좋아하지는 않아.
제드 너무 이기적이라고 생각지 않아? 계속 같이 지내겠다는 게 아니라 몇 달만 있다 가겠다는데. 마이크는 가장 친한 친구고 난 걔한테 신세도 많이 졌어. 마이크가 여기 못 올 이유가 없다고. 이 얘기는 이제 그만해. 그만. 나갔다 올게.

크리시는 몹시 화가 나서 울고 말았다. 완전히 무시당한 기분이다. 크리시는 제드의 강압적인 태도 때문에 화가 난다.

제드는 어떤 상태일까? 그는 분명 자신이 그녀를 위협했다는 사실을 깨닫지 못할 것이다. 제드는 함께 지내지 못하겠다고 마이크에게 말하면 그가 어떻게 생각할지, 마이크와의 우정에 어떤 영향을 미칠지 염려한다. 그는 이런 힘든 일을 피하고 싶다는 마음에서 크리시에게 그런 태도를 보인 것이다. 마이크와의 우정이 자신에게는 너무나 중요하다. 하지만 크리시는 자신의 욕구가 매우 중요하다고 솔직하게 말하지 않았는가?

　크리시는 이 일이 자신에게 얼마나 중요한지 되짚어 본다. 과연 제드가 원하는 대로 해줄 의향이 있는가? 하지만 크리시는 이 문제가 자신에게 매우 중요한 일이므로 최악의 경우 제드의 집을 나가겠다고 결심한다.

▶ 실전 2

크리시 제드, 마이크 문제에 대해 얘기 좀 하고 싶어.

제드 이제 그 얘긴 그만하자고 했잖아.

크리시 (단호한 목소리로) 아니야, 그런 식으로 내 말 막지 마. 지난번엔 내 기분을 확실히 밝히지 못 했어. 내게는 우리 관계가 무엇보다 중요하고 평등한 관계여야 한다고 생각해. 아무 문제없는 것처럼 내 말을 무시하지 마. 마이크와 함께 지내는 일이 당신에게 중요하다는 건 알아. 하지만 나도 나만을 위한 공간이 필요해. 여기는 우리 둘이 사는 곳이니까 당신이 우리 두 사람의 의견을 똑같이 중요하게 여겨야 한다고. 그러니까 타협점이 있는지 살펴보자.

제드 (크리시의 단호한 태도에 놀라지만 방어적인 태도를 취하지는 않는다.) 어떻게 타협하자는 말인데?

크리시 어떻게 해결해야 할 지 잘 모르겠어. 그냥 내 말 무시하지 말고 함께 해결책을 찾아봤으면 좋겠어.

제드 도저히 이해를 못하겠군.

크리시 제드, 당신 말 대로 따르지 않는다고 해서 내가 잘못이라고 말하지 마.

(침묵이 흐른다.)

크리시 오, 제드. 나를 몰지각하고 속 좁다고 생각하지 마. 그 방은 내게 정말 중요해. 안식처와 같은 곳이거든. 내가 좋아하지도 않는 사람 때문에 답답하게 살고 싶지 않아. 당신이 마이크를 실망시키려 하지 않는다는 거 잘 알아. 그러니 정 안 된다면 내가 나갈게.

제드 (몹시 놀라서) 말도 안 되는 소리하지 마.

크리시 (웃으며) 진심이야.

제드 (약간 안심하며 머리를 가로젓는다.) 그럼 우리 어떻게 해야 하는 거야?

그들은 서로 상반되는 욕구를 완전히 깨달았으므로 대화를 나눌 수 있는 준비가 되었다. 이제 힘을 모아 함께 해결책을 찾을 수 있다.

카트리나와 닐(Katrina and Neil)

친밀한 관계에서 상반되는 욕구를 해결하려면 자신이 원하는 바를 분명히 밝혀야 한다. 카트리나와 닐은 6개월 후에 결혼할 예정이며 두 사람 모두 전통적인 결혼식을 원한다. 그러나 카트리나와 아버지 사이에 결혼식에 대한 갈등이 이미 계속되고 있다. 카트리나의 어머니는 몇 년 전에 돌아가셨고 아버지는 실라와 재혼했다. 실라는 전 남편 사이에서 난 열네 살, 열여섯 살 두 딸을 두고 있는데 이 두 딸을 신부 들러리로 세우고 싶어 한다. 카트리나는 마음의 결정을 내리지 못했지만 닐은 그렇게 떠들썩한 결혼식을 몹시 싫어한다.

가엾은 카트리나는 중간에서 이러지도 저러지도 못한다. 닐에게 그렇게 하자고 설득했지만 실패한 후 실라의 전화를 피한다. 또한 아버지의 무언의 압력에 대처할 좋은 방법을 모색하고 있다.

이는 우리가 모든 사람의 욕구를 충족시키고 행복하게 만들려고 노력하면서 겪는 어려운 상황을 잘 보여준다. 이 상황에서 카트리나가 잊고 있는 점은 세 번째 질문의 답, 즉 '나는 무엇을 원하는가?'이다.

카트리나가 이 문제를 해결할 방법을 찾고 싶다면 먼저 이 질문을 자문해 봐야 한다. 상황을 되짚어본 카트리나는 들러리를 세우느냐 안 세우느냐하는 문제가 자신에게 전혀 중요하지 않다는 사실을 깨달았다. 그녀는 닐과 자신이 한 마음이 되기를 더 원하며 이런 식으로 결혼생활을 시작하기는 싫다고 생각한다.

그녀는 커피를 마시면서 닐과 이 문제를 의논하기로 결심한다.

카트리나 닐, 하고 싶은 말이 있어. 신부들러리 말인데.

닐은 괴로운 표정을 짓는다.

카트리나 내 말 좀 진지하게 들어줘! 난 지금 사람들 틈에서 어떻게 해야 할지 모르겠어. 너무 괴롭다고. 난 당신이 신부들러리 세우는 게 얼마나 싫은지 알고 싶어. 그러니까 그 문제에 대해 심각하게 생각해봤냐고.

닐 전에도 말했지만 다시 한 번 말해주지. 난 번거로운 결혼식은 원치 않아. 그 문제는 당신 가족과 의논해 봐.

카트리나 당신은 절대 반대란 말이지.

닐 카트리나!

카트리나 좋아, 난 확실히 해두고 싶었어. 솔직하게 얘기해보자고.

닐은 입을 벌린 채 그녀를 쳐다본다.

카트리나처럼 방어 막을 치고 말을 둘러가며 말하면 당연히 상대에게 공격을 받는다. 카트리나는 이제 어떻게 해야 할지 난감하다. 완전히 혼자 남겨진 것 같다. 카트리나는 이때 자신이 원하는 것이 무엇인지 깨닫는다.

카트리나 (닐을 쳐다보며) 나도 중간에서 어떻게 해야 할지 모르겠어. 내 가족 문제니까. 하지만 난 당신의 도움이 필요해. 우리 둘 다 들러리가 필요 없다고 생각한다면 함께 가서 그렇다고 말했으면 좋겠어. 결정을 알리는 게 싫어서가 아니라 나 혼자 이 일을 처리하는 건 공평하지 않다고 생각해.
닐 당신 가족이잖아. 내 가족이 아니라고.
카트리나 닐, 우리가 결혼하면 당신도 우리 가족이 되는 거야. 나는 당신과 함께 시작하고 싶어. 이건 나만의 문제가 아니라 우리의 문제라고 생각해.
닐 어떻게 해결할 건데?
카트리나 꼭 들러리가 아니더라도 걔들이 결혼식에서 할 역할을 줄 수 없을까? 난 정말 타협점을 찾고 싶어.

솔직히 이야기하려면 많은 용기가 필요하다. 자신의 감정을 확인하고 자신과 사랑하는 사람의 욕구 사이에서 균형을 맞춰야 한다. 여러분이 두렵거나 혼란스러울 때는 이 방법이 효과적이다. 세 질문에 대한 답을 통해 자신이 할 일에 초점을 맞추면 갈등에 대한 두려움을 극복할 수 있다. 그렇지 않다면 여러분은 분명하게 자신의 뜻을 밝히지 못하고 무력감에 빠지고 만다.

매브와 조지(Maeve and George)

매브와 조지는 결혼한 지 40년 된 부부다. 9월이 다가오자 매브는 해마다 참석하는 국제 군악대 축제에 가지 않을 방법이 없을지 고심한다. 그녀는 조지를 사랑하지만 군악대 음악은 내심 싫어한다. 좋아하지도 않는 일을 오랫동안 해 왔기 때문에 그녀는 이제 그 여행 전체를 싫어하게 되었다. 여행, 호텔, 저녁 식사 등 모든 것이 불쾌했다.

여행을 떠나기 3주 전 몸이 좋지 않다고 말했다. 조지는 아픈 아내와 여행 때문에 걱정이다. 매브가 어떻게 할 수 있을까? 지금 상황을 솔직히 말하려면 밝히고 싶지 않은 일까지 말해야 한다. 하지만 그녀는 여행이 가기 싫어 죽을 지경이다.

매브의 세 가지 답변은 다음과 같다.

❌ 조지는 내가 그 축제에 가기를 원한다.
❌ 난 그 축제가 싫다.
❌ 가기 싫다고 남편에게 말해야 한다.

준비작업
그녀는 저녁식사 후에 용기를 내어 말하기로 결심했다.

매브 사랑하는 조지, 할 말이 있어요.
조지 해봐.
매브 올해는 그 축제에 가고 싶지 않아요.
조지 (믿을 수 없다는 표정으로) '왜?'
매브 그냥 올해는 가고 싶지 않아요.
조지 왜 가기 싫다는 거야. 늘 즐겁게 지냈잖아.
매브 안 가는 게 좋겠어요.
조지 벌써 예약했는데.
매브 맙소사.

그녀는 과거를 무시할 수 없다. 매브는 자신과 조지의 욕구에 균형을 맞추면서 자신의 뜻을 분명히 밝히지 못했다.

실전 2를 살펴보자.

▶ 실전 2

매브 사랑하는 조지. 고백할 게 있어요.

조지 세상에, 대체 뭐야?

매브 (충격을 받은 남편의 얼굴을 보고 미소 지으며) 걱정하지 말고 들어봐요. 말하기가 좀 난감하지만 이건 정말 고백이에요. 당신도 알다시피 우리 매년 군악대 축제에 갔잖아요, 근데 난 그거 싫어해요.

조지 그럴 리가!

매브 아뇨, 싫어해요. 난 군악대 음악을 조금도 좋아하지 않아요.

조지 근데 왜 한 번도 그런 말 안 했어?

매브 할 수가 없었어요. 당신을 실망시키고 싶지 않았으니까. 내 잘못이에요. 당신을 비난하는 게 아니에요. 계속 아무 말 않고 있었지만 이제 그 축제가 두려울 지경이에요.

조지 (믿을 수 없다는 듯 고개를 가로젓는다.) 지금껏 말 안 했다니, 믿을 수 없어. 당신은 항상 축제를 즐기는 것 같았는데 이해를 못하겠군.

매브 알아요, 좀 충격적일 거라는 거. 이런 식으로 폭탄선언을 해서 미안해요. 당신과 함께 있는 건 너무 좋지만 군악대 음악은 아니에요.

조지 그럼 어떻게 할 건데?

매브 모르겠어요. 당신 혼자 갔으면 좋겠어요, 아니면 다른 사람을 데려가거나.

조지 누구?!

매브 나도 몰라요. 음, 그래험?

조지 당신이 없다면 축제가 예전 같지 않을 거야. 어쨌든 호텔을 예약했고 다른 준비를 다 끝냈는데.

매브 올해는, 그러니까 올해는 함께 갈 수도 있어요. 하지만 전 관광이나 쇼핑이나 다른 걸 할 거예요. 그렇게 한다면 난 즐거울 것 같아요. 그런 다음 중간쯤에서 만나요. 어때요?

조지 (여전히 실망스러워하며) 그러지 뭐.

(마무리)

매브 좋아요. 부엌에 가서 냄비 좀 올려놓을래요? 아니면 한 잔하러 클럽에 갈까요? 난 아무래도 괜찮아요.

상대를 비난하지 않고 자신의 욕구도 중요하다는 점을 보여주면 개인적인 힘을 남에게 넘겨주고 화를 삭이지 않아도 된다. 평등한 대화를 나누려면 결단이 필요하지만 분노를 표현하지 못해 속으로 곪는 일은 없다.

15장

솔직히 이야기할 용기 가지기

침묵을 지키고 있으면 자존심을 지킬 수 있다. 하지만 끊임없이 두려워하면서 침묵을 지킨다면 우리의 개인적인 힘이 줄어든다. 이따금 우리는 공격적인 반응을 두려워한 나머지 정면으로 부딪쳐야 할 때조차도 애써 상황을 외면한다. 아래의 경우처럼 말할 권리가 없을 것 같이 극도로 어려운 상황에서도 불쾌한 싸움을 벌이지 않고 상황을 바로잡을 방법이 있다.

잭과 까다로운 고객(Jack and a difficult client)

잭과 사이먼은 어려운 상대를 만나기 위해 차를 몰고 가는 중이다. 사이먼은 아동보호 부문의 노련한 사회사업가이고 잭은 최근 그 팀에 합류한 신참이다. 그들은 수잔과 존의 가족을 방문하라는 지시를 받았다. 최근 그 가족이 재정지원을 해달라고 요청했기 때문이다.

두 사람은 딜레마에 빠졌다. 수잔은 아홉 살이 안 된 세 자녀와 함께 살고 있는데 최근 존과 사귀기 시작했다. 존에게는 전 부인과 사이에서 얻은 10대 딸이 있다. 존의 딸은 다른 단체에 아버지가 그녀를 육체적으로, 성적으로 학대했다고 말했다. 분명 심각한 상황이지만 거짓일 수도 있는 딸의 진술을 조사하거나 진위를 입증할 만한 시간이 없었다. 게다가 존이 툭하면 시비를 걸고 폭력을 행사하는 작자라고 알려져 두 사람은 더욱 긴장한다.

원칙상 사회사업가들이 수잔과 존보다 더 큰 힘이 있지만 현재 존의 범행 증거가 불충분하기 때문에 힘든 처지다. 그들은 사실이 아닐 수도 있는 죄목으로 위협을 무릅쓰고 고소하고 싶은 생각은 없다. 존의 성질을 건드리지 않고 어떻게 그 문제를 거론할 수 있을까? 잭과 사이먼이 그들을 방문해야 하지만 재정적으로 도와달라는 요구에 대한 이야기만 할지 아니면 어린아이들이 보는 앞에서 존이 받고 있는 혐의를 처리해야 할지 난감하다.

막상 집에 도착했을 때 그들은 너무 두려워서 아무 말도 하지 못했다. 사무실로 돌아오는 길에 사이먼은 학대에 대한 명백한 증거가 없고 아이들이 존을 심하게 무서워하는 것 같지는 않다면서 자신이 아무 말 못한 것을 합리화했다. 그리고 증거가 나타날 때까지 기다리자고 덧붙였다. 잭은 불편하다. 그는 아랫사람이기 때문에 사이먼이 조치를 취하도록 가만히 있었는데 정작 사이먼은 위협을 느끼고 모호한 태도를 취했기 때문이다.

그런데 대립을 피하면 우리에게 개인적으로 영향을 끼치는 데 그치지 않고 여러 사람의 인생에 심각한 결과를 초래할 수 있다. 사람들에게 적절한 기술을 가르쳐주는 교육 과정이 없고 침묵을 지키는 사람들의 일반적인 경향 때문에 이런 일이 공적인 상황에서도 벌어진다. 하지만 앞으로 일어날 파란, 예를 들어 아이들이 오랫동안 학대받았다는 증거가 나타나는 경우를 생각해보라. 직접 아이들을 학대하지는 않았지만 그럴 수도 있는 상황을 생각하기가 불편하고 두려워서 말없이 묵인한 어른 중 한 사람으로 남을 것이다.

우리는 이따금 누군가를 학대하는 수상한 행동을 목격하고도 침묵을 지킨다. 우리가 공격을 받지 않았다고 안심하거나 상대가 우리를 믿고 있다는 사실을 부정하거나 혹은 자신과 전혀 관계없는 일이라고 생각하며 외면한다. 어떤 경우든 우리를 가로막는 중요한 요인은 두려움이다. 게다가 툭하면 소송을 거는 사회적 경향 때문에 침묵을 지켜야 할 이유는 더욱 많아졌다.

잭은 다시 한 번 그들을 방문하기로 결심한다. 앞으로 계속 첫 만남에 대해 후회하며 아이들을 걱정할 수 없다고 생각했기 때문이다. 잭은 상사에게 자신의 결심을 알렸다. 상사는 내심 불안해하지만 관련지침을 어기지 않도록 주의한다면 가 봐도 좋다고 허락했다.

잭의 세 가지 답은 다음과 같다.

◼ 성폭행에 대한 혐의가 있다.
◼ 아이들의 미래가 몹시 걱정된다.
◼ 조사를 해서 혐의가 사실로 나타나면 아이들이 보호를 받을 것이다.

준비작업

잭은 다시 한 번 만나기로 약속을 정한다. 그는 동료 스티브를 데리고 가지만 자신이 직접 이야기할 생각이다. 초인종을 눌렀을 때 수잔이 문을 연다.

잭 안녕하십니까, 수잔. 잘 지내시죠? 이쪽은 제 동료, 스티브입니다. 존이 집에 있나요? 두 분께 드릴 말씀이 있습니다.

두 사람은 거실로 들어가 존이 아래층으로 내려오기를 기다린다. 그가 내려왔을 때 네 사람은 자리에 앉는다.

잭 오늘 두 분께 매우 어려운 문제에 대해 드릴 말씀이 있어 왔습니다.

존과 수전은 잭을 쳐다보며 기다린다.

잭 존, 당신은 아이들을 육체적으로, 성적으로 학대했다는 혐의를 받고 있습니다. 그래서 그 혐의를 조사해야 합니다.

존 (즉시 방어적인 태도를 취하며) 누가 그렇게 의심합니까?

잭 그건 밝힐 수 없습니다, 존. 이 소식에 두 분 모두 매우 놀라셨을 거라고 생각합니다만 상황이 좀더 확실해지기 전에 누구라고 밝혀드릴 수 없습니다.

존 (화를 내며) 그 정도로 날 고소할 수는 없을…

잭 존, 충격 받으셨으리라 짐작합니다만 저에게는 이 사실을 알릴 책임이 있습니다. 왜냐하면 안타깝게도 당신 애들도 앞으로 학대받을 수 있으니까요, 수잔.

수잔 애들을 데려간다는 말인가요?

잭 그렇습니다, 수잔. 만일 혐의가 사실로 밝혀지면 아이들의 안전을 위해 보호시설로 데려가야 합니다. 당신도 그걸 원하실 거라고 생각합니다만.

수잔 하지만 아직 사실인지 모른다고 하셨잖아요.

잭 네, 우리가 혐의를 두고 조사하겠다고 말씀드리는 겁니다.

(마무리)

잭이 자리에서 일어나자 스티브도 따라 일어선다.

잭 (심각한 표정으로) 이런 소식을 알려드려 유감입니다만, 제가 맡은 일이라 어쩔 수 없군요.

존 (자리에서 일어나며) 그런 의심 따윈 집어치우고 당장 나가!

잭 지금은 더 드릴 말씀 없습니다, 존. 다음에 사무실에 나오실 약속을 전화로 정하도록 하지요.

잭은 돌아서서 현관 쪽으로 향한다. 현관문을 열고 밖으로 나가 두 사람은 차 쪽으로 걸어간다.

사무실로 돌아오면서 잭은 홀가분함을 느낀다. 그는 자신이 얼마나 두려웠는지 스티브에게 말하고 웃는다. 스티브는 전혀 그런 줄 몰랐다고 말한다. 잭은 까다로운 상황에 현명하게 대처했고 상대방의 공격을 피할 수 있었다. 전화를 걸어 추후 상황을 알려주겠다는 잭의 약속은 매우 중요하다. 그들에게 관심을 보였고 '치고 달리기' 방식을 쓰지 않았다. 어려운 만남에서 이렇게 작은 배려를 보여주면 상황은 크게 바뀐다. 즉 공격이 공격적인 반응을 일으키듯이 이런 작은 배려를 보여주면 상대도 우호적으로 대한다. 이 실례에서 잭은 아무런 해를 입지 않고 그 자리를 뜰 수 있었다.

이런 방법을 쓰면 이와 같은 극적인 상황이 아니더라도

우리는 누군가 불쾌한 일을 당할 때 솔직히 자신의 뜻을 밝힐 수 있다.

알렉스, 샤론과 게리(Alex, Sharon and Gary)

알렉스는 친구 샤론과 그녀의 남자친구 게리를 만나면 항상 불편하다. 게리가 사람들 앞에서 샤론을 무시하기 때문이다. 샤론은 성격 좋게 그런 상황을 참아 넘기지만 알렉스는 샤론이 정말 어떤 기분일지 그녀의 진심이 궁금하다. 그녀는 샤론에게 그 문제에 대해 언급했지만 샤론은 '게리는 원래 그래'라고 말한다. 알렉스는 대꾸하지 않았으나 계속 불편하다. 그녀의 세 가지 답변은 다음과 같다.

❌ 게리가 샤론을 무시한다.
❌ 나는 그게 싫다.
❌ 그렇게 하지 말았으면 좋겠다.

그들은 만나서 술을 한잔하러 간다. 게리가 샤론에게 멍청하다고 놀린다. 샤론이 화장실을 가서 알렉스와 게리는 단 둘이 앉았다. 그녀는 이 기회를 이용하기로 작정한다.

알렉스 게리, 이런 말을 하기가 좀 어색하지만, 왜 자꾸 샤론을 무시하나요? 살쪘다고 뭐라고 하면서 기분 상하게 하잖아요.

게리 웃자고 하는 소리에요. 딴 뜻은 없어요.

알렉스 하지만 하나도 웃기지 않아요. 안 그래요?

게리 (그녀를 위협적으로 쳐다보면서) 당신이 상관할 바 아니잖아요.

  샤론이 돌아오는 모습을 보고 말을 멈춘다.

  알렉스는 용기를 내어 솔직히 말했지만 자신의 뜻을 더 분명히 밝혀야 한다. 즉 상대가 전혀 변하지 않을 경우 앞으로도 그런 상황을 견딜 수 있는가? 그냥 두고 볼 것인가? 그 상황이 자신에게 얼마나 중요한가? 샤론은 자신의 뜻을 스스로 밝힐 수 있는 성인이므로 알렉스가 샤론을 대신할 수는 없다. 또한 알렉스에게는 단지 샤론의 친구일 뿐이라는 한계가 있다. 하지만 상황을 심사숙고 한 다음 알렉스는 자신의 말에 게리가 전혀 주의를 기울이지 않는다면 두 사람과 친분을 유지하는 한 이 문제는 자기와 관계있다고 생각한다. 실전 2를 살펴보자.

▶ 실전 2

알렉스 게리, 저 이런 말하기가 좀 어색하지만, 당신이 멍청하다거나 뚱뚱하다며 샤론을 무시할 때 난 정말 불편해요.

게리 샤론은 신경 안 써요.

알렉스 그런지 안 그런지 난 몰라요. 하지만 전 그게 싫다고요. 정말 무례해 보여요.

게리 이봐요, 그건 샤론이 아니라 댁의 문제잖아요. 당신도 알겠지만 이건 당신하곤 상관없는 일이라고.

　샤론이 돌아와 어색한 분위기를 느낀다.

샤론 음, 무슨 얘기하고 있었어?

게리 아냐, 별 거 아냐.

알렉스 그렇지 않아, 샤론. 난 게리가 몸무게 같은 얘기로 널 무시하는 게 싫다고 말했어. 그랬더니 그가 '당신 일이나 신경 쓰라고' 하더구나.

샤론 어머나, 진심은 아닐 거야.

알렉스 아마 나와는 상관없는 일 일지도 몰라. 하지만 여기 앉아서 그런 소리나 듣고 있을 필요가 없어.

샤론 너 설마 가려는 건 아니지?

알렉스 (샤론을 똑바로 쳐다보며) 아냐, 난 갈 거야. 알렉스가 네 험담하는 거 지켜보기 괴로워, 정말로. 조만간 전화할게. 안녕.

그녀가 이런 식으로 자리를 뜨기는 쉽지 않다. 하지만 계속 말없이 공모하며 불편함을 느꼈던 상황보다는 훨씬 더 편안해졌다. 여러분은 이런 상황에서 자신의 인간성을 잃고 싶지 않다면 어려운 선택을 해야 한다.

한계

위와 같은 경우 우리는 다음과 같은 기본적인 의문에 직면한다. 만일 상대의 행동을 지적하고 감정을 표현하며 구체적으로 대안을 제시했는데, 즉 모든 과정을 마쳤는데도 상대가 조금도 변하지 않았다면 어떻게 해야 하나? 상대는 바꿀 수 없거나 혹은 그럴 마음이 없기 때문에 바뀌지 않는다. 이는 여러분이 자신의 감정을 분명하게 전달하지 못한 경우와는 매우 다른 상황이다. 게리의 경우 자신의 행동이 상대에게 끼치는 영향을 분명히 알고 있으면서도 변화하겠다는 동의나 의향이 전혀 없다.

이런 경우 여러분은 매우 신중히 상황을 재고해야 한다. 이 문제가 얼마나 중요한가? 만약 상황이 변하지 않는다면 어떻게 될까? 계속되는 모욕과 무시를 기분 좋게 봐 넘길 수 있는가? 상황이 불만스럽고 괴로운데도 아무 말하지 않고 잘 지낼 수 있는가? 이는 아무도 대신 답해줄 수 없는 개인적인 질문이다. 나의 진정한 한계는 어디인가? 남편의 행동을 견디고 이런 관계를 계속 유지할 수 있는가? 적절한 급료를 주지 않는데 이 직장에 계속 있어야 하는가? 친구를 믿을 수 없는데 우정을 지속해야 하는가? 딸이 자기 인생에 책임을 지지 않는데 계속 도와줘야 하나? 이런 한계는 여러분이 어떤 특정 상황에서 얼마만큼 참아줄 수 있는지를 알려주는 기준이 된다.

16장

사랑에도 한계가 있다

우리에게는 언제나 선택권이 있다는 사실을 명심해야 한다. 심지어 선택하고 싶지 않을 경우에도 우리에게는 선택할 권리가 있다. 특정한 문제가 인생에서 얼마나 중요한지 판단할 때 우리는 선택에 직면한다. 그것이 중요한가? 얼마나 중요한가? 문제에 직면할 때마다 이렇게 자문할 수 있다. 그 문제는 때로는 중요하지만 때로는 그렇지 않을 것이며, 때로는 분개하면서도 중요하지 않은 척 자신을 속이기도 한다.

문제가 중요하든 사소하든 여러분은 그 문제에 대해 어떻게 반응할지 결정할 수 있다. 그냥 봐 넘길 수 없는 즉 한계를 넘어선 지경에 이르렀다고 생각하면 매우 괴로울 것이다. 용기를 내어 현실에 직면하고 처리해야 한다.

윌과 샌디(Will and Sandy)

30대인 윌과 샌디는 7년 동안 함께 살고 있다. 윌은 샌디가 술을 마시는 게 마음에 걸린다. 몇 년 동안 그 문제 때문에 싸우다 화해하다를 반복했으나 아무 것도 변하지 않았다. 윌은 샌디에게 전문가의 도움을 받아보라고 제안했지만 몇 번 상담한 이후 샌디는 인간관계를 위해 술을 마실 뿐 자기는 알코올중독자가 아니라고 못 박았다.

윌은 술을 마시지 않은 샌디를 깊이 사랑하고 걱정하지만 더 이상 스트레스를 견딜 수 없다(견디고 싶지 않다). 자신이 한계에 도달했다는 사실을 깨달은 윌은 딱 한번만 더 샌디에게 치료를 받겠느냐고 물어보려고 한다. 샌디가 자신이 알코올 중독이라는 사실을 심각하게 받아들이지 않는다면 그는 이 관계를 청산하고 싶다.

상대는 여러분의 한계를 위협(공격)으로 오해하기 쉽다. 따라서 이런 상황에서 자신의 뜻을 밝히는 방식이 매우 중요하다. 윌의 세 답변은 다음과 같다.

❈ 샌디가 지나치게 술을 마시면서도 자신에게 문제가 있다는 사실을 인정하지 않는다.
❈ 답답하고 절망적이다.

✖ 그녀가 알코올중독 치료에 성실히 임했으면 좋겠다.

준비작업

샌디가 맨 정신일 때 대화를 해야 한다는 점은 말할 필요도 없다. 이 과정을 적절히 이용하려면 상대가 알코올중독자가 아니더라도 이점을 명심해야 한다. 화학물질의 영향을 받는 상태에서 대화를 시작하면 이런 상황에서 당연히 생기는 불안감을 충분히 느끼지 못하기 때문에 잘못된 결과를 초래할 수 있다.

윌은 오후에 산책하러 나갔을 때 샌디와 이야기를 나누기로 결심한다.

윌 샌디, 중요한 얘기를 좀 해야 하는데 잠깐 앉을까?
그들은 한적한 곳에 있는 벤치에 앉는다.
윌 어떻게 말을 꺼내야 할지 잘 모르겠군. 싸우고 싶진 않지만 우리 관계와 미래에 대해 많이 생각해봤어. 간단히 말하면 난 당신이 술 마시는 걸 더 이상 참을 수가 없어. 샌디, 난 당신이 진지하게 치료를 받았으면 좋겠어. 그렇지 않으면….
샌디 그렇지 않으면, 뭐?
윌 그렇지 않으면 헤어져야 할 것 같아.

샌디 (방어적으로) 맙소사, 윌. 왜 늘 이런 식이야? 그럼 그렇게 해. 난 알코올중독자가 아니라고 말했잖아. 가끔씩 지나치게 마실 때도 있지만 그게 다야. 이런 식으로 날 협박하다니 말도 안 돼.

윌 위협하는 게 아냐…. (말끝을 흐린다.)

이런 문제를 주제로 대화하기란 몹시 어렵다. 누군가 우리에게 문제가 있다고 말하면 우리는 대부분 방어적인 태도를 취하며 코너에 몰렸다는 생각에 싸우려든다. 문제가 없는 사람(건강한 사람)과 문제가 있는 사람(아픈 사람)이라는 상하관계를 피하려면 윌은 이성보다는 감성에 의지해야 한다. 그는 샌디를 많이 사랑하므로 이점을 상대에게 전달해야 한다. 다음은 실전 2이다.

▶ 실전 2

윌 잠깐 앉을까? 할 말이 있어.

그들은 앉는다.

윌 샌디… (그녀를 똑바로 쳐다보며) 어떻게 말을 꺼내야 할지 모르겠지만 난 정말 힘들어. 난 당신이 술을 지나치게 마신다고 생각해. (샌디는 신경을 곤두세운다.) 음, 그건 내 생각이야. 당신이 알코올중독자인지 아닌지로 싸우고 싶진 않아. 그게 요점이 아니거든. 중요한 건 내가 술 마시는 당신 모습을 보고 있기가 힘들다는 거야.

샌디 술 마시는 거 별로 해롭지 않아.

월 알아. 당신은 원한다면 죽을 때까지 술 마실 권리가 있다고 말하겠지.

샌디 (웃으며) 그렇게 연속극 주인공처럼 말하지 않아 돼, 월.

월 웃을 일이 아니야, 샌디. 난 심각해. 난 당신을 사랑해, 정말로. 하지만 당신이 술을 마실 때면 곁에 있기가 너무 힘들어. 난 줄곧 당신이 변하기를 원했어. 당신을 잃고 싶지 않으니까. 하지만 당신은 조금도 변하려 하지 않잖아. 더 이상 견디기 힘들어.

샌디 (사태의 심각성을 불현듯 깨달으며) 무슨 뜻이야, 월. 그러니까 헤어지자는 말이야?

월 (잠시 말을 멈춘다.) 그랬으면 좋겠어. 샌디. 정말 미안하지만 더 이상은 못 견디겠어.

월이 고통스러운 상황에 직면해 있으니 우리는 이쯤에서 대화를 끝맺기로 하자. 그는 헤어지는 슬픔을 겪지 않도록 샌디가 '각성하고' 계속 자신의 문제에 대해 고민하기를 바란다. 그는 헤어지고 싶다고 말할 작정이 아니었지만 대화를 나누는 도중 진심을 드러내고 말았다. 하지만 이런 일이 흔히 일어난다.

일단 상대에게 솔직하게 털어놓을 적절한 환경이 조성되면(특히 친밀한 관계에서) 우리는 현재 상황과 진심으로 하고 싶은 말을 확실히 깨닫는다. 항상 고통스러운 진실은 아니더라도 입 밖으로 내기 어려운 속마음(이를테면, '당신을 사랑하는 일'이 이따금 너무 어렵다는 사실)을 발견한다. 그러면 중요한 이야기를 나눌 분위기를 조성할 수 있다.

루이스와 마틴(Louise and Martin)

월과는 다르지만 루이스는 이와 다름없이 가슴 아픈 상황에 처해있다. 30년 동안 함께 살아온 남편 마틴이 파킨슨씨병에 걸렸고 지난 3년 동안 상태가 계속 악화되었다. 성장한 두 아들은 모두 멀리 떨어져 살고 있다. 그들이 정신적으로 많은 도움을 주지만 루이스는 대학에서 학생들을 가르치면서 남편을 돌보는 일이 점점 힘에 부친다.

그녀는 이 상황이 마틴 탓이 아니기 때문에 마틴에게 화가 난다고 솔직히 말하지 못한다. 이제 지칠 대로 지쳐서 쉬고 싶지만 무엇보다 남편에 대한 부담감에서 벗어나지 못한다. 그녀가 병에 대해 이야기를 꺼내려 할 때마다 남편은 대화를 거부한다. 물론 그런 그를 이해하지만 그럴 때마다 그녀는 점점 절망한다.

루이스는 다시 한 번 현재 상황에 대해 대화를 나누기로 결심한다. 늦은 아침, 두 사람이 정원에 앉아 있다. 그녀의 세 답변은 다음과 같다.

※ 마틴이 대화를 거부한다.
※ 점점 희망을 잃는다.
※ 미래에 대해 심각하게 이야기를 나누고 싶다.

루이스 마틴, 정말 하고 싶은 얘기가 있어요. 당신 병과 우리의 미래에 대해서.

마틴은 정원만 바라보며 아무 말 하지 않는다.

루이스 마틴, 제 말 듣고 있어요?

여전히 대답이 없다.

루이스 마틴, 대답 좀 해봐요.

마틴 (생각에 잠긴 듯한 조용한 목소리로) 할 말이 없어.

루이스 있어요. 난 얘기하고 싶다고요. 난 이런 침묵은 견딜 수 없어요.

마틴 뭘 말하고 싶은데, 루이스? 얘기해봐야 소용없잖아. 그런다고 뭐가 달라져, 당신도 알잖아.

루이스는 눈물을 흘리며 집으로 달려간다.

루이스는 무엇을 원하는가? 그녀의 첫 번째 답변은 분명하지 않다. 그녀는 단지 대화를 원하는 게 아니다. 자신에게 더욱 솔직해진다면 자신이 이러지도 저러지도 못하는 상황에 처해있기 때문에 화가 난다는 사실을 깨달을 것이다. 그녀는 몇 달 동안 일을 하거나 마틴을 돌보느라 외출 한 번 제대로 하지 못했다. 그녀가 진심으로 원하는 것은 도움이다. 그녀는 쉬고 싶다. 이제 더 이상 견디기 힘들다는 사실을 깨달았다. 이 사실을 깨닫자 그녀는 두려웠다. 완벽히 헌신하는 아내가 되어야 한다고 생각하기 때문이다. 자신의 처지에 대한 분노 때문에 사랑은 희미해졌고 솔직하게 대화를 나누지 못해 더욱 화가 난다. 다음으로 실전 2를 살펴보자.

▶ 실전 2

　이전보다 훨씬 단호한 태도로(훨씬 불안해하며) 루이스는 다시 한 번 대화를 시도한다.

루이스 마틴, 꼭 해야 할 말이 있어요.

　마틴은 놀라서 그녀를 바라보며 기다린다.

루이스 (깊이 숨을 들이마시며) 당신을 사랑해요, 마틴. 정말로 사랑해요. 그래서 이런 말하기가 너무 힘들지만, 나는 아무런 도움도 받지 못하고 당신을 계속 돌보기가 너무 어려워요. 앞으로 어떻게 할지 함께 얘기를 나누고 싶어요.

마틴 (매우 놀라며 긴장한다.) 무슨 말을 하고 싶은 거야?

루이스 나도 몰라요. 도움을 구할 수도 있지만 어쨌든 우리 함께 의논해 봐야죠. 당신이 원치 않는다는 거 알지만 난 더 이상 이렇게 아무 말 없이 지낼 수 없어요.

마틴 당신은 아픈 사람 심정을 몰라.

루이스 그래요, 하지만 난 당신 곁에 있어요.

마틴 (잠시 잠자코 있다가 말한다.) 당신 떠나고 싶어? 그런다 해도 당신을 탓할 수는 없지….

루이스 그런 소리 하지 말아요. (눈물이 쏟아지지만 계속 말한다.) 오, 마틴. 당신을 떠나고 싶지 않아요. 난 잠깐 쉬고 싶을 뿐이에요. 하지만 당신이 무얼 원하는지 어떤 기분인지 말해주지 않으면 난 아무 것도 할 수 없어요.

(마무리)

루이스가 말을 끝내고 두 사람은 끌어안는다. 더 이상 말은 필요 없다.

이런 특수한 상황에서 대화를 쉽게 끌어갈 방법은 없다. 우리는 이따금 사랑과 삶의 고통을 피하지 못한다. 하지만 비난과 복수심만 가득한 대화를 나누거나 공격적인 태도로 싸움을 벌이거나 두려움 때문에 상대에게 애정을 표현하지 못할 때 느끼는 석연치 않은 감정은 충분히 막을 수 있다.

17장

금기사항에 대해 언급하기

 상대가 누구든 상관없이 강한 감정을 일으키고 가치관의 충돌을 피할 수 없는 까다로운 주제가 있다. 우리는 그런 주제에 대해 이야기할 때 핵심은 피하고 빙빙 에둘러 말한다. 그 중 한 가지가 돈 이야기다. 예를 들어 빌려준 돈을 돌려달라고 할 때, 급료를 인상해달라고 할 때, 자신이 경영하는 회사에서 자신의 봉급을 책정할 때 우리는 솔직하게 말하지 못하고 불편해 한다.

 다음 두 시나리오의 돈에 대한 대화에서 앞서 언급한 여러 지침이 어떻게 도움이 되는지 살펴보자. 이 경우에도 똑같은 원칙이 적용된다: 대화를 시작하고 마무리한다. 우선 세 가지 질문에 답한다. 현재 상황에 대해 자신이 어느 정도 책임이 있다는 사실을 인정한다.

모이라와 아담(Moira and Adam)

모이라는 1년 전, 남동생 아담에게 아파트 계약금 때문에 큰 액수의 돈을 빌려주었다. 당시 그녀는 여윳돈이 약간 있었고 아담은 일자리를 찾는 중이었다. 모이라는 남동생이 돈을 갚지 않자 조금씩 신경이 쓰이기 시작했다. 그러던 중 지난 주 아담이 사파리 여행을 갈 것이라는 소식을 어머니가 전해 주었다. 말도 안 돼!

모이라는 이 문제를 해결하기로 한다. 그녀의 세 답변은 다음과 같다.

- ❈ 아담이 돈을 갚지 않는다.
- ❈ 화가 난다.
- ❈ 돈을 다 돌려받고 싶다.

모이라는 화가 났기 때문에 무조건 상대를 비난하기 쉽지만 그러기에 앞서 원하는 바를 분명히 확인해야 한다. 세 번째 답변은 좀 더 구체적이어야 한다. 언제 돌려받고 싶은가? 지금? 내일? 다음 주? 나눠서 조금씩? 아담에게 말하기 전에 이 점을 확인해야 한다. 다시 말해 자신의 한계를 깨닫고 어디까지 참을 수 있을지 알아야 한다. 그녀는 당장 돌려받고 싶지만 현실을 감안해서 한두 달 내로 돌려받는 선에서 해결하려고 한다.

준비작업

모이라는 아담에게 퇴근 후 술 한 잔 하자며 만날 약속을 한다.

바는 매우 붐빈다. 아담이 직장 동료, 탐과 함께 나타난다. 잠시 모이라는 다음 기회로 이야기를 미루고 전화로 얘기할까 생각하다가 이미 마음먹었으니 부딪치기로 결심한다. 그녀는 탐에게 남동생과 긴히 할 얘기가 있으니까 5분 정도만 자리를 비켜달라고 상냥하게 부탁한다.

매우 현명한 결정이다. 그녀는 다른 사람이 지켜보는 앞에서 이런 문제를 거론하고 싶지 않다.

아담은 모이라를 따라 조용한 구석자리로 간다.

아담 무슨 일인데?
모이라 긴히 할 얘기가 있어.

아담은 고개를 가로젓는다.

모이라 좋아, 아담, 너 작년에 나한테 돈 빌려간 거 기억하고 있지?
아담 아하, 그런 거구나. 몰랐네.

모이라 돈을 돌려받고 싶어. 한 달 안에 돌려줬으면 좋겠어.
아담 농담하지 마. 어디서 그 돈을 구한단 말이야?
모이라 (날카롭게) 글쎄, 사파리 갈 돈이 있다면…
맙소사, 싸움을 시작해버렸군.

상황을 악화시키고 싶지 않다면 모이라는 현재 상황에 대해 50퍼센트의 책임을 져야 한다. 그녀는 지금 돈을 돌려주지 않았다고 동생을 비난할 작정이지만 돈을 빌려 줄 당시 언제까지 돌려달라고 솔직하고 분명하게 말하지 않았다. 따라서 자신이 분명히 밝히지도 않은 조건을 아담이 지키지 않았다고 해서 비난할 수 없다.

이에 대해 책임을 지면 좀 더 평등한 대화를 나눌 수 있다.

▶ 실전 2

모이라 아담, 이런 말하기가 좀 어색하지만 저번에 빌려준 돈 돌려받고 싶어.
아담 (놀라며) 좀 뜻밖이군! 정확히 언제까지?
모이라 당장 받을 수 있다면 가장 좋겠지만… 잠깐만 끝까지 들어봐. 가만히 생각해보니 언제까지 돌려달란 말을 안 했더라고. 그래서 의논하려고.
아담 왜 지금 그 돈이 필요한데?

모이라 (당황하며) 나도 몰라! 특별히 쓸 데가 있는 건 아니지만 중요한 건 그게 아니야.

아담 그럼 왜 급하게 그러는데? 돈을 돌려주지 않은 건 미안해, 하지만 떼먹지 않을 거라는 건 누나도 잘 알잖아. 돈 생기면 갚을 거야.

(중요한 순간) 모이라는 더 이상 싸울 빌미가 없다고 여기고 포기하거나 돈을 꼭 받고 싶으니 계속 요구할 수 있다.

그녀는 계속 하기로 작정한다.

모이라 내가 억지 부린다고 생각하는 건 알아, 하지만 빌려준 돈 때문에 신경이 쓰여서 해결하고 싶어. 아담, 알겠니?

아담 누나 지금 억지 부리고 있다고.

모이라 돈 갚을 시기에 대해 얘기하는 거야. 제발 탐이 돌아오기 전에 해결책을 찾자. 어떻게 하면 내가 억지 부리는 것 같지 않겠니?

아담 몰라.

모이라 (고집스럽게) 아담, 제발!

아담 (한숨을 쉬며) 얼마였지? 천 달러, 맞아?

모이라 그래, 두 번에 나눠서 주면 어때?

아담 세 번으로 해.

모이라 좋아, 다음 달에 한 번 주고 나머지는 두 번에 나눠서 줘. 됐어?

아담 그래.

(마무리)

모이라는 탐이 온다는 몸짓을 한다.

모이라 합의하게 돼서 기뻐, 아담. 두 사람 맥주 마실 거야?

솔직한 대화의 분위기

상대가 미안해하거나 죄책감을 느끼지 않게 이야기를 진행하려면 결단력이 필요하다. 자신에게 요구할 권리와 분명하고 구체적으로 요구할 책임이 있다는 사실을 명심하라. 그렇다고 요구하는 것을 언제나 받을 수 있다는 뜻은 아니지만 강압이나 교묘한 술책을 피하고 싶다면 권리와 책임을 깨달아야 한다.

폴레트와 짐(Paulette and Jim)

폴레트는 임금을 올려 받고 싶다. 그녀는 2년 동안 매니저로 일했다. 5개월 전 한 직원이 퇴사했기 때문에 지금 두 사람 몫의 일을 하고 있으며 책임도 더 많아졌다. 자신의 일을 즐기지만 돈을 더 받아야 한다는 생각에 계속 짜증스럽다. 게다가 새로 부임하는 홍보국장이 자신보다 월급을 더 많이 받는다는 소식을 들은 후로는 더욱 그렇다. 그래서 그녀의 상사, 짐에게 이 문제에 대해 언급하려고 마음먹는다.

폴레트의 세 답변은 다음과 같다.

- 급료가 충분치 않다.
- 혹사만 당하고 제대로 인정받지 못하는 것 같다.
- 급료를 올려 받고 싶다.

돈 문제를 꺼낼 때 자신의 뜻을 구체적으로 밝히지 못하는 여성이 많다. 이런 상황에서 "급료를 올려주실 수 있나요?" 혹은 "월급 좀 올려주셨으면 좋겠는데, 어떠세요?"라는 말로 대화를 시작하기 십상이지만 이런 말은 너무 막연하고 모호하다. 좀 더 구체적인 방법을 배우도록 하자.

구체적으로 요구하기 위해 준비 작업으로 몇 가지 과제를 끝내야 한다. 즉 현재 임금구조는 어떤 체계인지 확실히 알고 있어야 한다. 만약 어떤 직위로 승진하면 자동적으로 일정한 임금을 받는 체계라면 협상이 쉬울 것이다. 그렇지 않다면 우리의 자질, 책임, 경험을 고려해볼 때 어느 정도 회사에 요구할 수 있는지 살펴봐야 한다.

경영자가 자신의 급료를 정할 경우에도 이런 방식을 적용할 수 있다. 자신의 시장가치를 확인하고 원하는 임금을 결정한다. 대부분 우리는 너무 많이 요구해서 거절 받을까봐 두려워한 나머지 실제로 원하는 액수보다 더 적게 요구하면서 상대방이 그 차이를 채워주기를 바란다. 하지만 특정 액수를 제시하고 그것을 출발점으로 협상해야만 한다.

준비작업
새 국장의 월급과 더욱 막중해진 자신의 책임을 고려하여 폴레트는 7천 파운드를 올려달라고 제안하기로 작정한다.

폴레트 안녕하세요, 짐. 좀 들어가도 될까요?
짐 물론이죠, 앉으세요.

폴레트 짐, 단도직입적으로 말해서, 월급을 인상해 달라고 말하려고 왔습니다. 7천 파운드 정도 올려주시면 어떨까요. (자신 없이 말한다.) '당신 생각이 어떨지 궁금합니다.'

짐 좀 파격적이군. 글쎄요. 그만큼 줄 수 있을지 잘 모르겠습니다.

폴레트 베릴이 퇴사한 후 전 두 사람 몫의 일을 하고 있어요.

짐 그래요, 알고 있습니다. 내 말은 회사에 그만한 돈이 있는지 모르겠다는 겁니다. 회사 사정 잘 알잖아요.

폴레트 (비장의 카드를 꺼내며) 저, 새 홍보국장 케이의 첫 급료가 저보다 많다는 사실을 우연히 알게 되었습니다….

짐 (불편한 표정을 지으며) 다른 직원의 급료를 거론할 수 없어요, 폴레트.

폴레트 (약간 당황해서) 전 그냥….

짐 무슨 말인지 잘 알았습니다. 생각해보죠, 알겠어요, 폴레트? 다른 사람과 의논해보고 결과를 알려줄게요. 됐습니까?

폴레트는 대화가 끝났다고 느끼고 자리를 뜬다.

흥미롭게도 어떤 수단을 이용해 자신의 주장을 강조하면 평등한 대화가 이루어지지 않고 상황이 오히려 불리해진다. 위의 사례에서 동등한 1대1 대화를 나누지 않고 다른 사람의 월급을 거론하면서 오히려 대화의 균형이 깨지고 말았다. 상대는 이런 경우 불안감을 느끼고 방어적인 태도를 취하고 대화는 곧 중단된다.

임금인상을 요구할 때는 다른 사람과 비교하지 않는 것이 현명하다. 자신과 같은 위치에 있는 사람과 비교하기보다는 자신의 장점을 부각하면서 왜 돈을 더 받을 가치가 있는지 확실히 밝힌다.

확실히 결론을 내리지 못한 경우 만남을 마무리하는 법

폴레트는 또한 결론을 내리지 못한 만남을 마무리하는 법을 배워야 한다. 이런 상황이 우리 주변에서도 흔히 벌어진다. 솔직히 요구사항을 밝혔을 때 상대가 확실하게 답변을 주기도 하지만 그 자리에서 바로 결정하지 못할 경우도 있다. 상대에게는 다른 사람과 의논하거나 심사숙고할 시간이 필요하다. 이런 경우 문제를 매듭짓지 못하고 자리를 나서면 안 된다. 아무 것도 결정하지 못한 채 끝내면 여러분은 상대방이 과연 결정을 내렸는지, 언제 물어봐야 할지 몰라 계속해서 궁금해 한다. 긍정적인 결과를 얻을 수 있는 가능성을 생각하며 노심초사하고 조바심을 내면서 불안해한다. 그러므로 있는 용기를 모두 끌어 모아 다른 방식으로 대화를 마무리해야 한다.

그냥 물러서지 말고 다시 만날 시기를 정해야 한다. 이렇게 하면 불안해하면서 마냥 기다리지 않을 수 있다. 따라서 방을 나설 때 얼마동안 답변을 기다려야 하는지 확답을 받도록 한다. 실전 2를 살펴보자.

▶ 실전 2

폴레트 안녕하세요, 짐. 들어가도 될까요?

짐 물론이죠, 앉으세요.

폴레트 짐, 좀 어려운 얘기지만 오랫동안 생각해 봤는데 월급을 7천 파운드 정도 올려주셨으면 좋겠습니다.

짐의 눈이 휘둥그레진다.

폴레트 베릴이 퇴사한 후 제가 두 사람 몫의 일을 하고 있고 처음보다 맡은 책임도 많아졌기 때문입니다. 잘 아실 거라고 생각합니다.

짐 네, 지금 하는 일이 더 많을 거라는 거 잘 압니다….

폴레트 그래서 7천 파운드를 올려주시길 바랍니다. (이제 말하기가 좀 편해졌다고 느끼며) 어떻게 생각하세요?

짐 잘 모르겠어요, 폴레트. 1, 2년 내에 그렇게 할 수 있을 것 같지가 않네요. 현재 회사 사정이 그리 좋지 않아서.

폴레트 (다른 사람 이야기를 거론하지 않고 자신의 장점을 부각시키며) 짐, 이 문제를 고려해주시길 진심으로 바랍니다. 앞서 말했듯이, 오랫동안 생각해봤는데 제가 하는 일로 보아 그 정도 급료를 받아야 마땅하다고 믿습니다.

짐 (그녀의 말을 심각하게 받아들이며) 오늘은 대답해줄 수 없군요, 폴레트.

폴레트 알고 있습니다. 그러면 언제 대답해주실 수 있습니까? 언제 다시 찾아뵐까요? 다음 금요일? 그러면 충분할까요?

짐 그럴 것 같군요…. 그래요…. 좋아요, 다음 금요일. 그 때 답변해줄 수 있길 바랍니다.

(마무리)

폴레트 좋아요. 그럼 금요일에 다시 찾아뵙겠습니다. 안녕히 계세요.

폴레트는 확실한 약속을 받고 자리를 뜬다. 만일 짐이 금요일에 확답을 하지 않는다면 이 과정을 다시 반복하면 된다. 그녀는 수동적으로 결과를 바라기보다는 능동적으로 주도권을 잡고 기다릴 수 있도록 상황을 바꾸었다.

금기사항에 대해 언급하기

돈 문제 이외에도 피하고 싶은 몇몇 주제가 있다. 예를 들면, 체취(BO: body odor) 때문에 괴로워하는 사람을 어떻게 대할 수 있을까? 모든 냄새의 흔적, 주름, 머리 등 누구도 원치 않는 신체적 약점에 유난히 신경을 쓰는 사회에서 이런 문제가 생각보다 훨씬 더 많이 제기된다.

역겨운 냄새를 풍기는 사람에게 그렇다고 말하기를 망설이는 것은 너무나 당연하다. 본인도 그렇겠지만 여러분도 몹시 당황스러울 것이다! 그렇게 개인적인 문제까지 들먹이는 일은 너무 무례한 처사다. 그들로서도 어쩔 수 없는데 어떻게 냄새를 없애라고 요구할 수 있단 말인가? 그런 신체적인 약점을 지닌 사람을 만나면 우리는 대개 그들을 약간 열등한 사람들로 생각하며 멀리한다.

안타깝게도 아무도 직접 말해주지 않기 때문에 당사자는 결코 자신의 문제를 알지 못한다. 하지만 문제를 지닌 사람을 동등한 인간으로 생각한다면 앞에서 언급한 방법을 똑같이 사용하여 솔직히 문제에 다가가야 한다.

프란시스와 제럴드(Frances and Gerald)

프란시스는 큰 부서를 감독하는 고위 공무원이다. 그의 부하직원 한 사람이 이와 같은 문제를 지니고 있다. 프란시스는 이 남자, 제럴드가 매우 예민한 사람이라서 문제를 지적하면 매우 곤혹스러워할 것이라고 걱정한다. 하지만 다른 직원들이 대놓고 직접 말은 하지 않지만 제럴드와 한 사무실을 쓰려고 하지 않기 때문에 개인의 문제가 부서 전체의 문제가 되어버렸다. 프란시스는 제럴드에게 언질을 주어야 할 책임을 더 이상 피할 수 없다고 생각한다.

그녀의 세 답변은 다음과 같다.

- 제럴드 몸에서는 이상한 냄새가 난다.
- 지적하기는 싫지만 다른 직원들에게 끼칠 영향이 더욱 걱정스럽다.
- 치료를 하라고 말하고 싶다.

준비작업
프란시스는 자신의 사무실로 제럴드를 부른다.

프란시스 제럴드, 와줘서 고맙습니다. 앉으세요.

제럴드가 앉는다.

프란시스 저, 음, 어떻게 시작해야 할지 모르겠군요, 제럴드. 하지만 매우 민감한 문제에 대해 의논을 해야겠어요. 당신 체취에 문제가 있다는 사실을 알고 있는지 잘 모르겠군요. 알고 있나요?

제럴드 (몹시 놀라며) 그러니까… 제가 냄새가 난다는 말인가요?

프란시스 음, 그래요. 그렇다는 거죠. 몇몇 직원들이 당신과 함께 있기가 어렵다고 하니 사무실을 위해서 그 문제에 대해 조치를 취해달라고 부탁해야겠어요.

제럴드 (잠시 말이 없다가 말문을 연다.) 그러니까 다른 사람들이 불평을 한다는….

프란시스 두세 명이 뭐라고 한 적이 있어요. 그래요.

제럴드 뭐라고 해야 할지 모르겠군요. (프란시스의 얼굴을 피하며 일어선다.) 더 하실 말씀 있으십니까?

프란시스 아뇨, 저, 제럴드, 정말 미안합니다.

제럴드는 모욕감을 느끼며 방을 나서고 프란시스는 몹시 걱정스럽다.

불안해하며 친절하려고 애쓰다보니 프란시스는 두 사람의 평등관계에 해를 끼치는 실수를 저지르고 말았다. 그렇다. 그에게는 문제가 있고 비록 그녀는 상사지만 한 인간으로서 그를 대해야 한다.

프란시스는 자신의 감정을 좀더 솔직하게 밝히면서 그를 동등하게 대할 수 있었다. 다른 직원들의 말을 언급하지 않는 편이 좋았을 것이다. 다른 직원 이야기를 거론하는 바람에 프란시스와 제럴드의 1대1 관계가 프란시스를 포함한 전

부서와 제럴드의 관계로 바뀌어버렸다. 우리는 이따금 '다른 사람들이 불평한다', '나만 이렇게 생각하는 게 아니다' 혹은 '대부분 그 사실을 알고 있다'라고 진실을 말한다. 하지만 그런 말들을 자신의 주장을 펼치기 위한 수단으로 이용하면서 상대와의 관계를 불평등한 관계로 만들어버린다. 평등을 희생시키고 자신의 주장을 더욱 강조하는 것이다. 하지만 여러분은 자신의 뜻만 솔직히 밝히는 법을 배워야 한다.

이렇게 하면 상대에게 오직 여러분만 비난의 대상이 되기 때문에 매우 효과적이다. 사람들은 간접적으로, 즉 제3자를 통해 비난받을 때 더욱 상처를 입고 괴로워한다. 비난에 맞설 기회조차 없기 때문이다. 간접적인 비난은 공격이나 다름없기 때문에 당하는 사람은 당연히 고통스럽다. 프란시스는 자신의 감정만 솔직히 밝히면서 이 어려운 메시지를 전해야 한다.

▶ 실전 2

프란시스 제럴드, 들어와 앉으세요.

제럴드가 앉는다.

프란시스 제럴드, 먼저 이 일이 제가 이 자리에서 맡은 여러 가지 일 중에서 가장 힘들다는 점을 알려야겠군요. 솔직하게 말할게요. 제럴드, 당신이 체취가 있다는 사실을 알았어요. 알고 있나요?

제럴드 (충격을 받으며) 아뇨. 아무도 제게 그런 말 없었습니다.

프란시스 그래요, 말하기 쉬운 문제는 아니죠. 그렇지만 난 말할 수 있어요. (웃는다.)

제럴드 (조심스럽게) 누군가 그런 말을 했나요?

프란시스 다른 사람들도 눈치 챘겠죠, 제럴드 하지만 내가 그 사실을 알았고 당신이 조치를 취해야 한다고 생각했기 때문에 알려드리는 거예요. 그러니까 개인적인 위생이나 식생활과 관계가 있을 수 있겠지요, 잘 모르지만 당신이 어느 정도 개선할 수 있을 거라고 생각합니다.

　제럴드는 말없이 바닥만 쳐다본다.

(마무리)

프란시스 이제 대화를 끝내는 게 좋겠군요, 제럴드. 충격 받았을 거라는 거 잘 알아요.

제럴드 예, 그렇군요. 뭐라고 말해야 할지 모르겠습니다.

프란시스 뭐라 말할 필요 없어요. 제가 진심으로 당신에게 관심이 있다는 사실을 알아줬으면 좋겠습니다. 당신을 곤혹스럽게 할 작정은 아니었지만 이런 문제를 좀더 쉽게 전할 수 있는 방법이 없군요.

제럴드 (문 쪽으로 가다가 돌아보며) 그렇죠, 저도 압니다.

프란시스 (웃는다.) 방법을 찾아보세요. 근데, 이번 주말까지 제너 보고서 제출해야 한다는 거 잊지 말아요. 할 수 있죠?
제럴드 아, 예. 거의 다 마쳤습니다. 문제없을 겁니다.
프란시스 좋아요. 와줘서 고마워요, 안녕히 가세요.

과장이나 부자연스러움, 조언이나 연민을 보이지 않고 제럴드를 동등한 인간으로 대하며 동정심을 발휘한 프란시스의 행동은 어색한 상황에서도 매우 훌륭했다. 무엇보다 이런 태도 덕분에 대화가 평등해진다.

자신의 권위나 지위와 인간적인 감정의 균형을 맞추는 일은 언제나 만만치 않다. 하지만 이는 인간관계를 맺을 때 반드시 필요한 일이다. 우리가 아끼는 사람에 대해 예기치 않게 몹시 불쾌한 점을 발견할 때 또 다른 '말할 수 없는' 문제가 발생한다.

콜린과 제이크(Colin and Jake)

콜린은 편부이며 아내가 4년 전에 죽은 후로 혼자 아들 제이크를 키우고 있다. 제이크는 지금 15세다. 제이크가 등교한 후에 방에 갇힌 개를 구하러 아들의 방으로 들어간 콜린은 재떨이에서 마리화나처럼 보이는 꽁초를 발견했다. 뿐만 아니라 방을 둘러보다 훨씬 나쁜 징조라 할 수 있는, 알약 몇 알이 든 작은 비닐봉지도 발견했다. 충격, 죄책감, 분노, 두려움 등 온갖 감정이 소용돌이쳤다. 제이크가 학교에서 돌아올 때까지 기다릴 것인가? 뭐라고 말할 것인가? 증거를 들이대고 대립할 것인가? 콜린은 당연히 큰 충돌이 일어날 것이라고 예상한다. 그는 사회사업 부문에서 일하는 친구에게 전화를 걸어 조언을 구한다. 이런 식으로 그는 아들에게 하고 싶은 이야기를 더욱 명확히 밝혔다.

- 네가 마약을 하고 있다고 생각한다.
- 몹시 놀랍다.
- 그만 두기를 바란다.

준비작업
콜린은 그날 저녁 늦게 제이크와 이야기하기로 작정하고 아들을 방에서 불러낸다.

콜린 제이크, 너와 심각하게 할 얘기가 있다.
　제이크는 알 수 없다는 표정이다.
콜린 삼깐 앉아라. 제이크, 오늘 아침 폴리가 네 방에 갇혀 있어서 꺼내주러 네 방에 갔는데 거기서 마리화나 같은 것과 알약 몇 알을 발견했단다.

제이크는 아무 말하지 않지만 긴장하는 빛이 역력하다.

콜린 그래서 할 말 없니?

제이크 (어깨를 으쓱하며)없어요.

콜린 없다니, 그게 무슨 말이야.

제이크는 다시 어깨를 으쓱인다.

콜린 제이크, 이건 심각한 이야기야. 네가 마약을 하는지 알고 싶단 말이야.

제이크 이따금 마리화나는 피워요.

콜린 그럼 알약은 뭐냐?

제이크 모르겠어요.

콜린 모른다니 말이 되니? 세상에, 엑스터시야 아니면 딴 거야?

제이크는 아무 말이 없다.

이런 식의 대화는 전혀 효과적이지 않다. 무엇이 잘못일까? 이는 쉽게 처리할 수 있는 흔한 상황이 아니다. 콜린이 어떻게 제이크와 좀 더 효과적으로 대화를 나눌 수 있을까?

콜린은 분명하고 솔직하게 질문하고 있지만 사실 한 가지 빠진 게 있다. 바로 자신의 감정을 표현하는 일이다. 실전 2를 살펴보자.

▶ **실전 2**

콜린 제이크, 중요한 얘기가 있단다. 네가 잘 들어줬으면 좋겠다. 오늘 아침 폴리를 꺼내주려 네 방에 들어갔는데 우연히 마리화나 꽁초와 알약 몇 개를 발견했다. 제이크, 날 봐. 내 말 잘 들어봐.

제이크가 마지못해 고개를 든다.

콜린 난 너무 충격을 받았다. 아직도 어안이 벙벙해. 자꾸 최악의 경우만 상상하게 되고…. 하지만 네가 마약을 하는지, 만일 그렇다면 뭘 복용하는지 말해줬으면 좋겠다. 날 보라고, 제이크. 무슨 일인지 해명을 해야지.

제이크 드릴 말씀이 없어요.

콜린 무슨 얘기든 다 들을게. 네가 네 방에서, 아니면 어디든 간에 마약을 복용하고 있다고 생각하면 견딜 수가 없구나.

제이크 마리화나는 가끔 피워요.

콜린 그럼 그 알약은 뭐야?

제이크는 아무 말이 없다.

콜린 알고 싶단다, 제이크, 제발.

제이크 (불편한 듯 몸을 이리저리 움직이며) 이따금 한두 개씩 먹어요, 심각하진 않아요.

콜린 그건 심각한 거야! (자리에서 일어나 방을 잠시 서성인다.)

콜린 제이크, 제이크, 제이크! 도대체 무슨 일이야? 제이크,

날 좀 봐.

제이크는 그를 올려다 본다.

콜린 너 이러면 안 돼. 마약 복용하는 건 용납할 수 없어. 절대 안 돼. 네가 자신을 해치는 걸 보고만 있을 수 없다고.

제이크 심각한 거 아니에요. 중독되지 않았다고요.

콜린 (고개를 저으며 아들을 차분히 바라본다.) 제이크, 널 사랑한다. 우리가 지난 몇 년 동안 힘든 시기를 겪었다는 거 알아, 하지만 네가 이런 식으로 망가지는 걸 보느니 차라리 내가 죽는 게 나아.

제이크는 아버지의 완강함에 흠칫한다.

제이크 별 문제 없어요, 아빠. 그렇게 넘겨짚지 마세요.

콜린 내 말대로 하지 않으면 전문가에게 널 맡길 거야.

제이크는 한 풀 꺾인다.

콜린 또 그래도 안 되면 경찰에 신고하는 수밖에.

제이크 뭐라고요?!

콜린 그런 약은 불법이야, 명심해. 그럼 사람들이 날 이상한 아버지로 보겠지.

(마무리)

콜린 제이크, 이쯤에서 그만 두자. 내 처지를 완전히 이해했기를 바란다. 내 생각은 변하지 않아. 내 말 잘 생각해보고 내일 다시 얘기하자꾸나. 어때?

제이크는 고개를 끄덕인다.
콜린 잠깐 폴리 산책시키고 오마.

콜린은 아들이 스스로 선택할 권리가 있다는 사실을 잊지 않으면서 부모로서 권위를 지켰다. 이것이 상대를 억압하지 않고 강력한 효과를 거두는 대화방식이다.

18장

작은 발걸음

일단 여러분이 인간관계의 문제를 좀 더 냉정하게 살펴보면 그런 문제를 다루면서 저질렀던 과거의 실수와 현재의 매우 어려운 상황이 상관관계가 있다는 사실을 쉽게 알 수 있을 것이다.

기분이 상했다고 해서 상대에게 무조건 비난을 퍼붓기 전에 여러분은 이런 상관관계를 반드시 깨달아야 한다. 물론 이와 정반대의 상황을 상상할 수도 있다. 즉 여러분이 다른 사람의 악의적인 힘에 희생되어 자신의 운명을 바꿀 만한 힘조차 없는 불운한 인물이라고 생각해보자. 이렇게 생각하면 불안을 느끼거나 자신의 행동에 책임지지 않아도 되기 때문에 마음이 약간 편안해진다. 하지만 계속 이런 사고방식을 가지는 한 여러분의 개인적인 힘은 약해진다.

과거와 현재의 관계를 제대로 이해하면 자기 인생을 부담스러워하고 통제할 수 없는 대상으로 여기지 않고 온전히 책임질 수 있다. 여러분에게는 자기 인생에 중대한 영향을 끼칠 작은 변화를 일으킬 기회가 있다.

브레다와 앨런(Breda and Alan)

브레다는 직장에서 어찌해볼 수 없는 상황에 처해있다. 그녀는 큰 대학의 선임 연구원인데 그녀와 상사인 앨런의 관계가 지난 3년 동안 말할 수 없이 악화되었다. 그녀는 앨런이 공격적이고 남의 말을 듣지 않는 고집불통에다 자신을 존중하지 않는다고 불평한다. 또한 브레다의 의견을 무시하고 다른 사람 앞에서 무안을 주며 적절히 지도해주지 않고 심지어 자신이 쓴 보고서까지 가로챘다. 이런 불평거리가 쌓이고 또 쌓였다.

누군가와 원수 같은 관계로 지내는 이런 경우가 흔히 있다. 너무나 큰 문제여서 해결할 엄두조차 나지 않으며 대신 처리해줄 사람도 전혀 떠오르지 않는다. 하지만 이 시점이 뭔가 시작해야 할 출발점이다. 한 번에 자갈 하나씩, 작은 일 한 가지씩 바꿀 수 있다. 이렇게 한 가지씩 도전하다보면 무력감이나 피해의식이 조금씩 사라진다. 한 번의 선택이 개인적인 힘의 불꽃에 생명력을 불어넣어주는 것이다.

브레다는 앨런이 자신의 보고서를 가로챈 일부터 처리하기로 결심한다.

전반적으로 앨런이 브레다를 무시하고 억압하는 상황이지만 개별적인 사건부터 해결하는 것이 현명하다.

그녀의 세 답변은 다음과 같다.

▨ 앨런이 보고서에 자기 이름을 써서 전자우편으로 보냈다.
▨ 몹시 화가 난다.
▨ 내 이름을 써넣고 싶다.

준비작업
브레다는 이야기할 시간을 정하기가 어렵다. 앨런이 자주 사무실을 비우는데다 사무실에 있을 때조차 컴퓨터에 매달려 바쁘기 때문이다. 하지만 대안이 없으므로 사무실로 찾아가기로 결심한다.

브레다 (앨런 사무실 문에 서서) 앨런, 시간 좀 있으세요?
앨런은 눈을 여전히 스크린에 두고 투덜댄다.
브레다 앨런, 시간 좀 있으시냐고요?
앨런 무슨 일이야, 난 바쁜데.

브레다 드릴 말씀이 있어요.

앨런 뭔데?

브레다 중요한 문제에 대해 의논드리고 싶어요.

앨런 나중에 하면 안 돼? (아직도 그녀 쪽을 보지 않는다.)

브레다 네. 지난달에 제출한 보고서에 관한 겁니다.

앨런 그게 어쨌다고?

브레다 그 보고서에 제 이름이 안 올라 있다는 점에 대해 드릴 말씀이 있어요.

앨런 브레다가 여기 연구원인 건 다 알아.

브레다 알아요, 하지만 그 보고서에 제 이름이 있어야 한다고 생각해요.

앨런 이런 얘기나 하고 있을 시간 없어.

말하는 내내 앨런은 단 한 번도 컴퓨터 스크린에서 눈을 떼지 않는다.

브레다는 자신이 무력하다고 생각하기 때문에 예전 반응 방식에서 벗어나지 못하고 있다. 상대가 딴 곳에 정신을 팔고 있을 때 이야기를 하면 상대는 여러분의 말이 경청할 만큼 중요하지 않다고 여긴다. 이 외에도 여러 가지 방식으로 우리는 자신이 전달하려는 메시지의 효과를 떨어뜨리며 자신도 모르는 사이 그것이 중요하지 않다는 인상을 준다. 브레다는 이런 방식에서 벗어나야 한다. 앨런이 그녀의 말을 심각하게 받아들이지 않는다 해도 그녀는 자신의 말을 심각하게 여기고 대화를 진행해야 한다. 실전 2를 살펴보자.

▶ 실전 2

브레다는 앨런이 그녀를 쳐다볼 때까지 기다렸다 말을 시작해야 한다. 아주 작은 일이지만 이런 식으로 힘의 수직구조가 형성되고 시간이 지나면서 그 구조는 더욱 확고해진다. 만일 브레다가 이런 구조에서 자신의 행동방식을 바꾼다면 전체 대화의 흐름이 달라질 것이다.

브레다 (문 앞에 서서) 앨런, 드릴 말씀이 있어요.

기다리고, 기다리고, 또 기다린다. 시시각각 불안감이 고조된다.

앨런이 잠깐 쳐다본다.

브레다 드릴 말씀이 있다고요.

앨런 (다시 스크린을 보면서) 뭔데?

브레다는 대답하려다 말고 기다린다.

앨런이 다시 쳐다본다.

브레다 중요한 문제입니다, 5분만 내주세요.

앨런 (다시 스크린을 보며) 그래, 뭔데?

브레다는 다시 기다린다. 내심 몹시 긴장되지만 아무 말 하지 않는다.

앨런 (그녀를 쳐다보며) 뭐냐고?

브레다 (약간 말문을 트며) 5분만 시간 뺏을게요, 앨런. 지금이 안 되면 언제 괜찮을지 말씀해주세요.

앨런 이거 마쳐야 하는데.

브레다 바쁘시다는 거 알아요. 하지만 오늘 꼭 드릴 말씀이 있어요. 중요한 문제에요. (몹시 불안하지만 정색을 하며 말한다.)

앨런 (한숨을 쉬며 퉁명스럽게 말한다.) 원한다면 지금 얘기하지.

브레다는 자리에 앉는다. 앨런이 다시 스크린을 쳐다보자 브레다는 기다린다. 이제 기다리는데 이골이 난다.

앨런은 의자를 돌려 그녀를 향한다.

브레다 앨런 말씀드리기가 쉽지 않지만 얘기할게요. 지난번 보고서에 내 이름 대신 앨런 이름이 써 있는 걸 보고 정말 불쾌했습니다.

앨런 (놀라며) 왜? 우리는 팀으로 일하고 있잖아.

브레다 그렇죠, 앨런. 하지만 그건 제 연구이고 제 일이었어요. 아시잖아요. 어디에도 제 이름이 없어서 화가 났습니다.

앨런 (투덜대면서) 그럴 만한 이유가 물론 있지, 개인적으로 감정이 있어서 그런 건 아니야.

브레다 제 생각은 달라요, 그건 제 연구였으니까요. 앞으로 제 연구는 반드시 제 이름으로 발표해주시길 바랍니다. 그러실 수 있죠?

앨런 (의외라고 생각하지만 방어적인 태도를 취하지는 않는다.) 그러지. 다시 한 번 말하지만 개인감정은 없어.

브레다 앞으로는 제 연구가 제대로 인정받았으면 좋겠다는 것뿐 딴 뜻은 없어요.

(이제 재빨리 일어나서 마무리한다.)

브레다 시간 내 주셔서 감사합니다, 앨런. 이제 갈게요. 안녕히 계세요. (나간다.)

이것이 결정적인 전환점이다. 비록 그녀와 앨런이 원만하게 지내지 못한다 해도, 지난 3년 동안 괴로웠던 일을 모두 보상받지 못한다 해도 또 앨런이 브레다에게 공적을 돌려주지 않는다 해도 브레다는 이 한 가지 사건을 처리함으로써 자신의 무력감에 당당히 맞섰다. 일단 한 가지 일을 선택하여 정면으로 맞섰다면 이는 전체 상황에 맞서는 것이나 다름없다. 첫 실마리만 잘 풀면 나머지는 저절로 변할 것이다.

브레다는 앨런에게 당했던 다른 부당한 사건을 이와 똑같은 방식으로 해결하기로 마음먹을 수 있다. 또한 자신감을 가지고 부당한 일이 벌어질 때 당장 조치를 취할 수도 있다. 이런 경우 핵심은 여러분에게 선택권이 있다는 점이다. 솔직히 말하지 않으면 결국 문제를 해결하지 못하고 직장을 옮기거나 다른 사람과 관계를 맺어야 한다. 그러는 동안 여러분의 개인적인 힘은 계속 감소한다. 브레다는 앨런에게 도전하여 개인적인 힘을 어느 정도 회복하면서 평등한 관계를 맺을 수 있었다. 이 경험은 앞으로도 계속 브레다의 삶에 영향을 끼칠 것이다.

이따금 우리는 아무런 잘못도 없이 악몽 같은 인간관계 때문에 어려움을 겪는다. 이런 복잡한 문제에 직면할 때마다 한 번에 한 걸음씩 작은 발걸음을 내딛는다는 원칙을 명심하라.

로버트와 로이(Robert and Roy)

로버트는 6개월 전부터 어떤 출판사의 편집자로 일하고 있다. 그가 이 일을 맡으면서 이전 편집자 두 사람이 해고되었다. 남은 직원 중 몇 사람이 이 조치에 불만을 가지고 있으며 그 중 몇몇은 퇴사한 두 사람과 계속 만나고 있다. 로버트는 이들과 사귀어보려고 해봤으나 허사였다. 그 중에서도 함께 일해야 하는 편집자, 로이는 특히 로버트를 멀리한다.

문제가 너무 광범위해서 어디서부터 손대야 할지 생각하

기조차 어렵다. 로버트는 무엇을 목표로 할 수 있을까? 그는 무엇을 원하는가? 여러분이 세 번째 질문에 답할 때 양쪽이 모두 불만을 가지고 있어서 구체적인 답을 찾기 어려운 경우가 간혹 있다. 감정을 표현하지 않으면 눈에 보이지 않는 거리가 생겨 진정한 우정을 쌓거나 위의 사례처럼 서로 협력하기 어려운 경우가 생긴다. 이런 경우 세 번째 답변은 구체적인 요구가 아니라 그냥 대화를 나누어 분위기를 완전히 쇄신하자는 요구이어야 한다. 로버트의 답변은 다음과 같다.

- 사람들의 적대감이 너무 심해 일을 제대로 할 수 없다.
- 어찌할 바를 모르겠다.
- 함께 대화를 나누어 분위기를 바꾸고 싶다.

준비작업
로이와 자신의 사무실에서 만나기로 약속을 정한다.

로버트 로이, 안녕하세요. 앉으시죠.
 로이가 앉는다.
로버트 (숨을 깊이 들이마시며) 로이, 여기 분위기에 대해 이야기를 좀 나눠야 할 것 같군요.

로이가 신경을 곤두세운다.

로버트 여러분이 제가 여기에 부임한 것에 대해 불만스러워한다는 사실을 알고 있습니다. 특히 로이 당신은 더한 것 같고요. 하지만 함께 효율적으로 일할 방법을 찾아야겠습니다.

로이는 말없이 응시한다.

로버트 무슨 말인지 알고 계시죠, 그렇죠?

로이 (질문에 대해 잠시 생각한 다음) 제가 비협조적이라고 비난할 만한 확실한 근거를 확보하시다니 대단하시군요.

로버트 당신을 비난하는 게 아니에요. 그저 문제를 해결해야 한다고 생각할 뿐이죠.

로이 해결할 문제가 있습니까? 우리가 잘 안 통할 뿐이죠. 여긴 원래 그래요.

더 이상 진전이 없을 것 같다. 로버트는 너무 성급히 그리고 막연히 상대의 환심을 사려다 초점을 잃었다. 뿐만 아니라 대화를 시작할 적당한 말부터 다시 찾아야 한다. 다른 사람보다 높은 지위에 있을 때 사람들은 대개 "우리가 얘기 좀 해야겠다고 생각했습니다" 혹은 "지금 상황에 대해 우리 의논 좀 해야겠군요"등으로 대화를 시작한다. 이 두 가지 예에서 '우리'라는 단어가 교묘한 술책처럼 느껴진다. 이런 말을 들으면 상대는 왠지 미심쩍어하며 방어적인 태도를 취한다. 상황의 심각성을 애서 인정하지 않으려는 인상을 주기 때문이다. 말하는 사람은 "저는 이런 상황이 걱정스럽습니다. 당신과 얘기를 나누고 싶군요" 혹은 "제가 이런 말씀드리기가 참 난감합니다만 이 점에 대해 대화를 나눠야 하겠습니다"라고 말하면서 현재 상황의 심각성을 인정하고 책임을 져야 한다. 거짓으로 "우리"라고 한다고 해서 친밀해지지는 않는다. 실전 2를 살펴보자.

▶ 실전 2

로버트 안녕하세요, 로이, 앉으시죠.

로이가 앉는다.

로버트 로이, 좀 어려운 문제가 있어서 당신을 불렀습니다. 제가 그동안 직원들과의 관계를 개선하기 위해 애썼지만 무슨 방법을 써도 소용없더군요. 내게 적대적인 직원들을 대하려니 몹시 괴롭습니다. 개인적인 이유라기보다 함께 일하는 데 방해가 되더군요. 함께 문제를 의논하고 해결책을 찾아보고 싶습니다. 어떻게 생각하십니까?

로이 (좀 더 관심을 보이며) 어떻게 하자는 말씀입니까?

로버트 꼭 어쩌자는 것은 아니에요. 그냥 솔직하게 얘기하고 싶다는 거죠. 내게 직접 말은 안 하지만 전 데니스와 빌이 해고당한 일로 여러분이 제게 아직 화가 나있는 것 같아서요.

로이 좋은 사람들이었어요.

로버트 분명히 그랬을 것 같아요. 그런 일이 벌어지면 화가 나기 마련이죠.

로이 (로버트를 노려보며) 그 사람들이 아무 이유 없이 해고된 건 아니죠. 안 그래요?

로버트 자세한 내막은 모릅니다, 로이. 제가 여기 오기 전에 일어난 일이니까요. 전 제가 문제를 떠안았다는 것만 압니다. 그래서 상황을 해결할 수 있도록 대화를 나누자는 거죠.

로이 뭘 원하십니까?

로버트 (로이를 똑바로 쳐다보며) 명령하려는 게 아니에요, 로이. 전 여러분의 협조를 원합니다. 그래서 우선 당신께 이제부터 협조할 의향이 있는지 알고 싶고요.

(마무리)

로버트 한 번 생각해봅시다, 네?

로이는 약간 투덜대지만 퉁명스럽게 굴지는 않는다.

로버트 조만간, 그러니까 내일쯤 뉴스 매거진에 대해 의논하도록 회의를 소집해 주시겠습니까?

이 정도면 충분하다. 전체적인 상황과 분노, 그리고 과거는 바뀌지 않았지만 로버트는 한 부분을 변화시키기 위한 발걸음을 내디뎠다. 바꿀 수 있다면 노력하고 그렇지 않다면 포기하라. 이는 매우 중요한 교훈이다.

19장

차별에 대처하기

 상대와 대립하는 상황에서는 바꿀 수 있는 것과 없는 것을 구별해야 한다. 입에 올리기가 난감해서가 아니라 너무 감정적이거나 심각해서 금기상황처럼 여기는 주제에 대해 이야기를 나눌 때 우리는 간혹 자신의 의견을 솔직하게 밝히지 못한다.

 인종차별이나 성차별이 그런 주제에 속한다. 여러분 혼자서는 이런 상황을 완전히 바꿀 수 없다. 사회 구조 전체를 완전히 뜯어고치지 않는 한 이와 관련된 문제에 대처하기란 힘들다. 그래서 결국 차라리 침묵하는 편이 낫다고 생각한다.

 이런 태도 때문에 상황이 더욱 악화된다. 물론 인종차별이나 성차별로부터 우리를 보호하기 위한 법률이 존재한다. 하지만 법률은 이론적으로만 훌륭할 뿐, 모든 사람이 알고 있듯 현실은 이론과는 다르다. 법률은 이런 문제에 대처하는 한 가지 방법, 즉 수직적인 방법만 제시한다. 우리는 충분한 증거를 모아 법정까지 문제를 끌고 갈 수 있다. 그러면 법정에서 모든 기소사항을 평가하고 유, 무죄를 가린다. 이렇게 하려면 시간과 돈이 많이 필요하다. 더구나 결과가 좋다 해도 문제를 일으켰다고 사람들의 눈총을 받기도 한다. 힘의 수직구조에서 높은 위치에 있다면 보상금을 많이 받을 수 있을 것이다. 하지만 신문의 머리기사로 실리는 기사들은 직장, 교육계, 사회에서 일어나는 차별 가운데 빙산의 일

대립의 문제

각에 불과하다. 사람들에게 알리지 않거나 해결하려고 노력조차 하지 않는 사례가 엄청나게 많다.

오히려 법률 때문에 아직도 판을 치고 있는 인종차별과 성차별이 쉬쉬해야 하는 비밀이 되고 말았다. 직장에서 가슴을 더듬거나 면전에다 대고 파키(영국으로 이주한 파키스탄 사람을 경멸적으로 부르는 말)라고 부르는 행동에 대처하지 않고 실제 벌어지고 있는 일을 어떻게 이해해야 할지조차 모른 채 망설인다. 우리는 자기가 옳다는 확신이 있어야 상대와 대립한다. 따라서 현재 상황을 확실히 파악하지 못한다면 적절히 대응할 수 없다.

직장에서는 여러 가지 방식으로 누군가를 차별한다. 대개 은근히 무시하거나 중요한 일에서 따돌리고 혹은 어려운 일을 시키거나 성취한 일에 대해 공을 인정하지 않거나 그의 전문지식을 얕잡아본다. 하지만 차별을 받는 당사자는 자신의 개인적인 힘을 손상시키는 일의 법적근거를 의심하거나 차별받고 있다고 느끼면서도 오해일거라고 믿으려 하며 아무 조치도 취하지 못한다. 설령 자신의 감정을 솔직히 이야기했다 하더라도 금기사항을 언급했으니 오히려 잘못을 저질렀다고 생각하기도 한다.

문제를 해결하려면 현새 상황을 부정해서는 안 된다. 그렇다고 모든 것을 한꺼번에 바꿀 수 있거나 여러분이 항상 옳다는 뜻은 아니다. 하지만 다른 사람의 행동 때문에 불편하다면 직접 부딪쳐 해결해야 할 일인지 우선 생각해보아야 한다. 성차별과 인종차별은 너무 깊이 뿌리박혀 있어서 해결할 수 없다는 생각은 버려라. 현실을 직시하고 다음에 취할 조치를 결정한다. 최후 수단으로 법에 호소할 만한 경우도 있겠지만 일단 대처방법을 배우면 1대1원칙을 바탕으로 솔직한 대화를 나눌 수 있다.

카비타와 네이선(Kavitha and Nathan)

카비타는 제약회사의 미생물학자이다. 그녀에게는 3년 동안 두 번 정도 승진할 기회가 있었다. 그녀는 자신이 그 직위에 관심을 표현했으나 무시당했다고 생각한다. 인도 사람인 그녀는 피부색 때문에 차별 받는 것이 아닌지 의문스럽다.

성차별이나 인종차별에 직면할 경우에도 다른 주제와 동일한 원칙을 적용한다. 무슨 일이 벌어지고 있는지, 어떻게 느끼는지, 어떻게 달라지길 원하는지 자문한다.

그녀는 직속상관인 네이선에게 이 문제를 말하기로 결심한다. 그녀와 네이선은 관계가 썩 좋지 않다.

✖ 승진에서 계속 누락된다.
✖ 실망스럽다.
✖ 왜 그런지 알고 싶다.

준비작업
카비타는 네이선과 만날 약속을 정한다.

카비타 시간 내 주셔서 고맙습니다, 네이선. 제가 지난달에 선임연구원으로 승진하지 못한 이유에 대해 이야기를 하고 싶습니다.

네이선 승진대상자로 당신도 고려해봤지만 더 유능한 사람이 있어서요.

카비타 저… 제 국적과 관계가 있는지 궁금하군요.

네이선 (방어적인 태도를 취하며 그녀를 똑바로 쳐다본다.) 무슨 뜻인지 압니다. 날 이상한 사람으로 몰지 마십시오.

카비타 그게 아니라 그럴 가능성이 있는지….

네이선 계속 얘기할 시간이 없네요, 키비타. 할 일이 있어서….

이제 카비타는 자리를 떠야 할 것 같다. 확신할 수는 없지만 그녀의 짐작이 틀리지 않다는 징후가 몇 가지 보인다. 네이선은 카비타의 이름을 제대로 부른 적이 없으며 그녀가 말할 때 그녀의 특이한 어조를 듣기가 몹시 불편하다는 듯이 간혹 인상을 찌푸린다. 카비타는 학생들에게 자신의 억양에 대해 물어보기도 했으나 그들은 그녀의 말을 이해하는 데 전혀 문제없다고 했다.

카비타는 평등한 위치에서 좀 더 분명하게 자신의 뜻을 밝혀야 한다. 실전 2를 살펴보자.

▶ 실전 2

카비타 네이선, 만나주셔서 감사합니다. 심각한 문제를 의논하고 싶습니다. 네이선, 말하기가 쉽지 않지만 당신이 내게 편견을 약간 가지고 있다는 느낌이 드는군요.

네이선 말도 안 되는 소리 말아요.

카비타 내가 여자이고 당신과 국적이 달라서 날 불편하게 여긴다는 인상을 받았습니다.

네이선 터무니없는 생각이에요, 키비티.

카비타 제 이름은 카, 비, 타입니다. 당신을 비난하려는 건 아니에요, 네이선. 하지만 내 국적 때문에 과학자로서 제 능력을 못 알아보시는 건 아닌지 궁금합니다.

네이선은 당황한다.

카비타 그런 일이 흔히 있거든요, 아시겠지만.

네이선 (경계하며) 무슨 말인지 정말 모르겠군요.

카비타 제 업무에 대해 불만 있으세요?

네이선 아니오, 전혀 그렇지 않아요.

카비타 만족하신단 말인가요? 솔직히 말씀해주세요.

네이선 그래요.

카비타 그렇다면 다음에 승진기회가 있을 때 절 진지하게 고려해주십시오. 그렇게 해주실 거죠?

네이선 (약간 당황하며) 그래요, 그래, 물론이죠. 키비티… 아니 캐비따.

카비타 카비타에요.

네이선 미안해요, 카비타.

(마무리)

카비타 (일어서서 웃으며) 시간 내주셔서 고맙습니다, 네이선. (사무실을 나선다.)

이처럼 부드럽게 힘을 행사하는 태도는 개인적인 힘의 특징이다. 총이나 무기를 쓰지 않고 자신의 생각이 옳다는 흔들리지 않는 확신을 지속적으로 보여준다. 성차별과 인종차별 문제에 대처할 때 현재 상황을 인정하고 이것이 개인차원의 일이 아니라는 점을 이해해야 한다. 이를테면, 백인이나 남자가 아니기 때문에 공격, 위협, 조롱, 무시, 따돌림의 대상이 된다는 뜻이다. 이런 차별은 상대를 지배하려는 공격적인 욕구와 두려움에서 비롯된다.

사람들은 두렵거나 불안하면 사다리를 더욱 단단히 붙잡고 아래를 내려다보면서 안도감을 느끼려한다. 나보다 낮은 사람이 있다고 생각하면 지위를 잃을 것 같은 불안감이 일시적으로 줄어들기 때문이다.

차별은 개인의 힘으로 해결할 수 있는 일이 아니다. 따라서 개인이 겪은 상처를 구조적인 문제로 이해하며 큰 맥락에서 벌어지는 작은 사건을 해결하기 위해 노력해야 한다. 그러면 피해의식을 느끼며 무력해하지 않고 현재 상황을 해결할 수 있다.

카비타처럼 개인과 구조적인 문제의 균형감각을 유지하면 무기가 없어도 강력해지고 현재 상황과 같은 구조 속에 갇힌 상대를 이해할 수 있다. 즉 이 구조와 계속 부딪치지 않고 가해자 역시 똑같은 인간이라는 동정심을 발휘할 수 있다는 뜻이다. 이런 이해가 개인적인 힘의 기본이며 대립 상황을 해결하는 핵심이다.

게일과 이언(Gail and Ian)

필요하다면 대립상황을 더욱 강력하게 부각시킬 수 있다.

이를테면 공격적인 태도를 취하지 않으면서 자신이 몹시 화가 났다는 사실을 상대에게 강력하게 전할 수 있다.

게일은 동성연애자다. 이 사실을 비밀로 해야 한다고 생각지는 않지만 그렇다고 떠들고 다니지도 않으며 공과 사를 구분하려고 노력한다. 그녀는 이동전화 회사의 재정담당 부국장이고 부하직원들은 대부분 젊은 편이다. 직원들 사이에 항상 시시한 얘기들이 오가곤 하는데 이번에는 어떤 TV 등장인물의 성격에 대해 논쟁이 벌어졌다.

이때 약간 잘난 체하며 큰소리치는 경향이 있는 젊은 직원 이언이 "어? 남자들은 찬성이고 여자들은 반대네…"라고 상황을 정리하며 게일을 쳐다본다. 그리고 다 알고 있다는 표정으로 "게일 생각은 어때요? 중간이죠? 의견을 밝혀 봐요"라고 말한다. 잠시 어색한 침묵이 흐른 후 사람들이 자리로 돌아간다. 게일은 이런 이언의 태도가 마음에 들지 않는다. 게일이 동성연애자라는 사실을 은근히 꼬집으며 그녀를 당황하게 한 적이 이번이 처음은 아니다. 그녀는 이런 상황이 싫지만 유머감각이 없다고 비난받을까봐 자신의 불편한 감정을 솔직히 표현하지 못한다.

연극이나 영화, TV에서는 흔히 웃음을 유발하기 위해 상대를 무시한다. 이는 간접적인 공격이나 다름없지만 우리는 상대를 조롱하거나 무시하고 혹은 모욕을 주면서 즐거워한다. 이런 경우 놀림 당한 사람이 대응하면 상대는 방어적인 말, 즉 "웃자고 하는 소리예요"라는 말로 진의를 부정하며 발뺌한다. 하지만 사실 상대는 여러분을 무시하여 자신의 힘을 강화하기 위해 여러분의 약점을 이용해 상처를 입힌다. 심지어 많은 사람들 앞에서 약점을 들추는 경우도 있다.

게일은 즉각 반응을 보이며 화를 내지 못한다. 그녀는 이따금 이언의 말을 재치 있게 받아넘기면 멍청해 보이지 않을 거라고 생각하지만 이는 잘못된 생각이다. 한 번 무시당하면 또 다시, 더 크게 무시당한다. 이것이 우리가 생각하는 유머다. 상처를 받았을 때 기발한 문구로 반격할 수 있는 사람은 매우 드물다. 설령 재치 있게 대답한다 해도 진정한 대화로 이어지지는 않는다. 재치 있는 대답으로 사람들을 즐겁게 만들 수는 있지만 자신의 감정을 가해자에게 진지하게 전할 수는 없다.

멋지게 되받아치는 상상은 접고 이제 게일은 이 상황에 현실적으로 대처하기로 한다.

- ✖ 이언이 내 성적 성향에 대해 간접적으로 언급한다.
- ✖ 몹시 화가 난다.
- ✖ 이언이 다시는 그러지 않았으면 좋겠다.

준비작업

그녀는 사람이 없는 곳으로 그를 불러낸다.

게일 이언, 회의실에서 잠깐 얘기 좀 나눌 수 있을까요?

이언 (경계하는 표정으로) 좋아요.

게일 이언, 난 그런 말 그리 달갑지 않아요. 다시 그러지 않았으면 좋겠습니다. 알겠어요? (돌아서려고 한다.)

이언 잠깐만! 무슨 말이요?

게일 무슨 말인지 잘 알고 있을 텐데.

이언 그냥 실수였어요, 미안합니다. 그렇게 예민한 줄 몰랐어요.

게일 (더 짜증이 나서) 난 예민하지 않아요, 이언. 사람들 앞에서 이제 그런 말하지 않길 바랍니다. 알겠죠?

이언 (어깨를 으쓱거리며) 알았어요. 그렇지만 그렇게 심각하게 굴 건 없잖아요?

게일은 수세에 몰렸다고 느끼기 때문에 여전히 불만스럽다. 그녀는 다른 방식으로 이야기하고 싶다. 그러려면 솔직히 자신의 감정을 표현해야 한다.

이런 상황에서 '날갑다'라는 표현은 별로 효과적이지 않다. 상대에게 어떤 행동을 그만두라는 부탁을 비꼬아서 표현할 때 흔히 쓰는 이 말에는 약간 거만함이 풍긴다. 이는 "이런 행동은 용납할 수 없다" 혹은 "행동을 좀 조심해야겠다"는 말이나 다름없다. 따라서 상대를 말썽꾸러기처럼 취급하고 싶지 않다면 이런 말은 피해야 한다.

게일은 감정을 더욱 구체적으로 밝혀 자신이 시작한 대화에 좀 더 책임감을 느끼고 평등하게 이끌어야 한다. 실전 2를 살펴보자.

▶ 실전 2

게일 이언, 이런 말하기 좀 어렵지만 이언이 사람들 앞에서 했던 말 때문에 난 몹시 화가 났습니다.

이언 실수였어요, 진심이 아니에요.

게일 이언, 내 성적 성향을 창피하게 여기지 않지만 그건 사적인 일이라는 점을 알아줬으면 해요. 여기에서 나는 재정 담당 부국장일 뿐이에요, 무슨 말인지 알겠어요?

이언 (못 알아듣는 척하며) 웃자고 한 얘긴데.

게일 (계속 이언을 쳐다보며) 이언, 이제 그런 말 안 했으면 좋겠어요. 난 별로 웃기지 않아요.

(화난 어조로 말한다.)

이언은 게일이 갑자기 정색을 하자 잠자코 있다. 그는 눈을 크게 뜨고 어깨를 으쓱댄다.

(마무리)

게일은 명확한 한계를 정하며 사무실로 돌아서 간다. 특정한 개인에게 사랑받고 싶은 욕구를 접어두고 존경받기로 한다.

두 가지 문제의 사례를 각각 살펴보았다. 각 사례에서 우리는 전체 체계 중 일부분에만 대처함으로써 무력한 희생자라는 느낌을 줄일 수 있었다. 이런 종류의 차별에 대처하기는 매우 고통스럽지만 좀 더 자주, 좀 더 효과적으로 솔직히 감정을 표현한다면 어떤 법률보다도 훨씬 더 강력한 효과를 거둘 것이다.

20장

거절

누군가에게 솔직히 말하기로 결정하고 나면 '거절'이 가장 큰 문제로 떠오른다. 우리는 상대가 거절할지 모른다는 불안감 때문에 자신의 감정을 솔직히 털어놓지 못한다. 뿐만 아니라 상대가 우리에게 거절당했다고 느낄까봐 두려워하기도 한다. 내가 솔직하게 이야기하면 상대가 상처를 받을 것이라고 상상하지만 실상 상대는 우리가 그 부분에 대해 두려워했던 것만큼 심하게 상처받지 않는 경우가 태반이다.

브렌다와 바바라(Brenda and Barbara)

브렌다와 데니스는 10년 넘게 바바라와 빌과 함께 휴가를 다녔다. 그들은 사이좋게 즐거운 시간을 보냈지만 데니스는 이번 휴가를 좀 다르게 보내고 싶어 한다. 브렌다는 데니스에 동조하며 변화를 가지는 데 이의가 없다. 하지만 수십 년 동안 친구였던 바바라에게 어떻게 말해야 할지 몹시 걱정스럽다.

여기서 다시 한 번 고려해야 할 요소는 타이밍이다. 아직 1월이기는 하지만 브렌다는 바바라와 빌이 휴가 계획을 이미 세웠으리라는 사실을 안다. 하루하루 날짜가 지나지만 브렌다는 바바라에게 말하기를 계속 미룬다. 바바라가 휴가 계획을 의논하려고 전화할까봐 전화벨 울리는 소리까지 두려울 지경에 이르렀다.

브렌다는 불안해하면서 시간만 보내기보다는 먼저 얘기를 꺼내야 한다.

그녀의 세 답변은 다음과 같다.

- 우리는 대개 휴가를 함께 보낸다.
- 두렵다.
- 올해에는 함께 가지 않을 거라고 말하고 싶다.

이 문제에 대해 데니스와 브렌다가 합의했다는 사실이 중요하다. 누군가를 대신해서 결정을 전달하기는 더욱 어렵다. 하지만 이 경우 두 사람 모두 변화를 원한다. 브렌다는 세 번째 답변을 신중히 생각한 다음 이번 결정이 앞으로 절대 함께 휴가를 보내지 않을 거라는 뜻이 아니라는 점을 확인한다.

준비작업
그녀는 바바라에게 전화를 걸기로 결심한다.

브렌다 여보세요, 바바라? 브렌다야.
바바라 지금 막 네게 전화할 참이었는데. 어떻게 지내?
브렌다 잘 지내. 크리스마스 잘 보냈어?
바바라 응, 손자들이 여기서 이틀 동안 묵었어. 정신없었지만 재미있었어.
브렌다 그랬겠지. 우린 호텔에 갔어.
바바라 그랬어? 참 편했겠다. 어디 호텔?

잠시 수다를 떤다. 브렌다는 언제 시작할 것인가?
이렇게 전화든 직접 만나든 어려운 대화를 시작할 때 사람들은 흔히 수다를 떨면서 불안감을 가라앉히려는 실수를 저지른다.
상대에게 거절의 뜻을 전해야할 때 우리는 두려운 나머지 밝고 발랄한 목소리로 "안녕, 마조리, 너무 화창한 아침이지, 안 그래? 주말 어떻게 보냈어?"라며 대화를 시작한다.

혹은 "저 마조리, 당신의 업무성과를 우리가 얼마나 높이 평가하는지, 당신의 역할을 얼마나 소중하게 생각하는지 아시지요?"라고 시작하기도 한다.

잡담은 피하라. "안녕" 혹은 "잘 지냈어?"라는 간단한 말이면 예의를 표현하기에 충분하다.

결정적인 이야기를 계속 미루면 불안감도 계속 증가하기 때문에 대화에 도움이 되지 않는다. 이따금 여러분이 뭔가 할 말이 있다는 사실을 눈치 채지 못할 정도로 상대가 멍청하다고 생각하기도 한다. 사실 이런 경우 상대도 뭔가 이상하다는 낌새를 채고 긴장하기 마련이다.

일단 대화를 시작했다면 결정적인 이야기를 미루지 말고 자신의 감정을 솔직히 표현하라.

브렌다 여보세요, 바바라?
바바라 어머나, 웃겨! 막 네게 전화할 참이었는데! 잘 지내?
브렌다 바바라, 할 얘기가 있어.
바바라 뭐 문제 있어?
브렌다 문제는 아니고. 음, 아니야, 문제가 있어. 저(숨을 깊이 들이마시며), 바바라, 말하기가 좀 두려운데, 데니스와 나는 아마 올해 휴가를 너희와 따로 가는 게 어떨까 생각해봤어.

바바라 (잠시 아무 말 하지 않다가) 왜?

브렌다 사실 특별한 이유는 없어, 그냥 올해는 바꿔보고 싶다는 생각이 들었어.

바바라 그러면 내년엔 같이 갈지도 모르고?

브렌다 잘 모르겠어, 아직 거기까진 생각해보지 않았어.

바바라 정말 실망스럽네. 항상 즐거웠는데, 너희는 안 그랬어?

브렌다 아니야, 나도 즐거웠어. 그냥 바꿔보고 싶었을 뿐이야. 정말 이런 말하려니 떨린다, 바바라. 휴가 문제 때문에 우리 사이가 어색해지길 원치 않아, 알지?

바바라는 안타깝지만 포기한다.

(상대에게 거절의 뜻을 밝히고 할 말을 다 끝냈을 때 상대가 반응을 보이도록 기회를 줘야 한다.)

브렌다 이렇게 말하게 돼서 정말 미안해. 지금 나 밉지?

바바라 아니, 물론 아니야. 그렇지만 슬프긴 해. 그리고 좀 놀랐고. 내가 뭘 잘못했거나 뭘 제대로 이해하지 못 했는지 아직 생각 중이야.

브렌다 잘못된 건 없어, 정말이야. 그냥 데니스가 변화를 원했고 내가 동의했을 뿐이야, 그게 전부야. 그 동안 네게 말하기가 두려웠고.

바바라 그럼 됐어. (침묵)

(마무리)

브렌다 언제 만날 수 있을까? 네 사람 모두 만나기 어렵다면 너랑 나랑 만날까? 런던이나 다른데 갈 수 있잖아.
바바라 날씨가 좀 따뜻해지면.
브렌다 그렇게나 한참 있다가? 3월에 만날까?
바바라 괜찮네.
브렌다 그랬으면 좋겠다. 다시 전화할게. 그럼 안녕.

 이렇게 되면 어색한 분위기가 흐를 수 있지만 어려운 결정을 전달하고도 변함없이 탄탄한 우정을 유지할 수 있다. 브렌다는 두고 봐야 할 것이다. 그녀는 솔직했고 바바라를 만나고 싶다는 자신의 마음을 전달했다. 상황이 변하면 한 번에 한 가지씩 조치를 취할 수 있다. 일이 예상과는 달리 순조롭게 진행되는 경우도 있다. 예를 들어 바바라와 빌이 휴가계획 때문에 고심하고 있었다면 오히려 이 결정이 반가웠을지도 모른다. 이렇듯 우리는 앞으로 일어날 상황을 알지 못하며 통제할 수도 없다. 우리가 통제할 수 있는 것은 우리의 대화뿐이다.

엘리와 테드(Ellie and Ted)

함께 가고 싶지 않다는 말은 어쩔 수 없이 거절로 생각된다. 대학생인 엘리는 테드와 한두 번 술을 마시러 나간 적이 있었는데 그게 왠지 불편했다. 테드는 좋은 사람이지만 좀 예민하고 꽁한 성격이다. 엘리는 학교에서 테드를 슬슬 피한다. 엘리는 이 문제를 좀더 솔직하게 처리하고 싶다. 하지만 그리 매력적인 남자가 아닌 테드에게 거절의 뜻을 전하기가 왠지 좀 미안하다.

미안하다는 감정은 흔히 접하는 힘의 구조에서 비롯된다. 여러분이 매력적이라면 그렇지 않을 경우보다 높은 위치에 있다. 그래서 매력적인 사람은 우월감을 느끼고 그렇지 않은 사람은 열등감을 느낀다. 미안한 감정은 배려나 동정심, 혹은 평등과 관계없다. 상대에게 미안해서 솔직하지 못하거나 상대에게 충격을 주지 않으려고 애쓴다면 이는 평등한 관계라 할 수 없다.

엘리는 좀 더 솔직하게 정면으로 부딪치기로 결심한다. 그녀는 테드가 다음에 데이트를 신청할 때까지 기다릴 수도 있지만 먼저 이야기를 꺼내기로 작정하고 그를 찾아 나선다.

그녀의 세 답변은 분명하다.

❎ 테드와 몇 번 데이트했다.
❎ 불편하다.
❎ 더 이상 데이트하고 싶지 않다.

준비작업

테드가 수업을 듣고 있는 교실로 가서 기다린다. 테드가 교실에서 나오다 그녀를 보고 웃는다.

테드 안녕, 이렇게 만나니 반갑군.

엘리 어디 가서 얘기 좀 할 수 있을까? 학교 밖으로 나가도 좋고.

(테드는 알 수 없다는 표정을 짓지만 엘리를 따라와 자리에 앉는다.)

엘리 하고 싶은 말이 있는데, 테드, 어떻게 말해야 할지 모르겠어.

테드 뭔데?!

엘리 난 너랑 단 둘이 외출하고 싶지 않거든, 괜찮겠니?

테드 (풀이 죽어서) 왜 그러는데? 우리 정말 즐겁게 지냈다고 생각했는데.

엘리 글쎄, 나도 그랬던 것 같아, 근데 뭐랄까 너에게 아무 감정이 생기지 않아서….

테드 난 너한테 부담 준 적 없는데. 네가 무슨 얘기하는지 잘 모르겠어.

엘리 (테드에게 미안해하며) 어, 테드, 다른 사람이… 너랑 더 잘 어울릴 거야….

테드 (당황하면서) 됐어, 그만 해, 엘리. 나중에 봐.

엘리는 그를 '가엾게' 여겨서는 안 된다. 그런 생각은 목소리를 통해서 상대에게 전달된다. 또한 두 사람 모두를 위해서 대화를 분명하게 마무리해야 한다.

상대가 반응할 여유 주기

당신을 바꿀 필요 없이…

평등한 관계를 맺고 싶다면 거절의 뜻을 전달할 때 상대가 여러분의 말에 감정을 표현할 기회를 주어야 한다. 상대가 실망감이나 분노를 표현할 때 그의 반응을 바로잡으려거나 무마하려고 하지 말고 인정해 줘야 한다.

불편함을 느끼지 않으려고 해피엔드에 집착하다보면 상대의 반응을 피하거나 주제넘게 상대의 감정에 간섭할 수 있다. 거절당한 사람들에게는 감정을 추스를 자기만의 시간과 공간이 필요하다.

상대의 반응이 불편할 수 있지만 반응을 일으킨 사람은 바로 여러분이다. 불편한 상황을 넘기는 게 어렵기 때문에 오히려 극단적인 태도를 취하기 쉽다. 즉 마음을 닫아버리고 상대의 감정을 무시하거나 오히려 상대에게 상처를 주었다고 죄책감을 느낄 수도 있다. 하지만 인생을 살아가다보면 다른 사람에게 상처와 실망, 좌절을 안겨줄 어렵고 어색한 결정을 내려야 할 경우가 있다. 이런 경우 여러분은 결과에 대한 책임을 회피하려거나 진실을 숨기려하기보다는 상대를 존중해 줘야 한다. 실전 2를 살펴보자.

▶ 실전 2

엘리 테드, 하고 싶은 말이 있어. 정말, 정말, 말하기 힘들지만 너랑 더 이상 데이트하고 싶지 않다고 말해야겠어.

테드 왜? 우리 같이 즐거웠다고 생각했는데.

엘리 너랑 계속 데이트할 만큼 특별한 감정이 생기지 않아, 그게 전부야. 지금은 누구랑 진지하게 사귀고 싶은 마음도 없고. 학교에서 널 피하려고 애쓰는 것보다는 솔직하게 얘기하고 싶었어.

테드 정말 마음이 아프네.

엘리 (숨을 들이마시며) 테드, 상처를 주고 싶지 않지만 널 속이고 싶지 않아.

테드 (천천히 고개를 끄덕이며) 그래, 무슨 말인지 알겠어.

(마무리)

엘리 가봐야겠어, 수업이 있거든. 미안해, 테드. 나중에 봐.

분명하고 깔끔하며 상대를 배려하는 대화였다. 엘리는 테드를 무시하지 않고 자신의 뜻을 솔직히 밝혔다.

직장에서도 물론 거절은 중요한 문제다. 사람들은 직장에서 거절을 당해도 감정을 추스를 시간 없이 잘 넘기길 기대한다. 이런 기대의 밑바탕에는 확고한 자기만의 안전지대를 고수하고 싶다는 바람이 깔려 있다. 이는 명백히 '치고 달리기' 방식이다. 그래서 사람들은 승진에서 누락하거나 입사 시험에 떨어졌다고 통보해야 할 때 어쩔 줄 몰라 한다. 하지만 위계구조에서 상대에게 거절을 전해야 할 경우도 매우 긍정적인 경험이 될 수 있다.

란지트와 루시(Ranjit and Lucy)

IT회사의 부장인 란지트는 부하직원 루시가 웹사이트 개발의 정규직원 자격을 얻지 못했다는 결정을 그녀에게 알려야 한다. 6개월 전 루시가 일시적으로 이 일을 맡은 적이 있었기 때문에 말하기가 더욱 어렵다. 루시가 마감 일자를 넘긴 적이 없었고 맡은 일을 훌륭히 해냈지만 심사위원회는 그녀의 팀 관리 능력이 충분하지 않다고 결정했다.
그의 목표는 명확하다.

- 루시는 승진에서 누락되었다.
- 그 소식을 알리기가 껄끄럽다.
- 하지만 그것이 내 임무이다.

이 세 답변은 흠 잡을 수 없을 만큼 완벽하다. 하지만 거절을 전달할 경우 두 번째 답변을 더욱 구체적으로 밝히면 내적으로 더욱 강한 상태에서 대화를 나눌 수 있다.

란지트 루시, 와줘서 고마워요. (그녀를 외면하며) 저, 승진하지 못했다는 말을 전하게 되어 유감입니다.

루시 농담하시는 거죠? 전 훌륭하게 해냈다고 생각하는데요, 왜 누락된 거죠?

란지트 음, 심사위원회에서 팀 관리 능력이 부족하다고 결정했습니다.

루시 (눈물이 그렁그렁한 눈으로) 그건 불공평해요, 무슨 말씀인지 이해가 안 돼요.

란지트 (허공을 쳐다보며 고개를 끄덕인다. 무슨 말을 할지 몰라 당황스러워하며) 어쨌든 미안합니다.

(어깨를 으쓱대고는 루시가 빨리 나가기를 바란다.)

란지트는 약간 더 노력하여 더욱 인간적으로 루시를 대해야 한다. 실전 2를 살펴보자.

▶ 실전 2

란지트 루시 와줘서 고마워요. (잠시 말을 멈추었다가 그녀를 똑바로 쳐다보며) 말하기가 매우 난감합니다만 루시가 승진에서 누락되었다는 말을 전해야겠군요.

루시 아, 안 돼요. 왜 누락했다는 거죠? 전 훌륭하게 해냈다고 생각했는데요.

란지트 어떤 면에서는 훌륭했습니다. 마감 일자를 항상 잘 맞췄고 맡은 일도 잘했어요, 하지만 팀 관리 능력이 부족하다는 단점이 있습니다.

루시 그게 무슨 말이죠?

란지트 맡은 책임을 다 하는 것 외에 다른 사람들에게 친밀하게 다가가 조언해주는 능력을 익히라는 뜻이죠.

루시 그런 걸 어떻게 익히란 말씀이세요?

란지트 글쎄요, 강좌를 들을 수 있겠죠.

루시 정말 실망스러워요. (눈에 눈물이 고인다.) 죄송합니다.

란지트 (다른 곳을 보며) 사과할 필요는 없어요. 정말 실망했을 거라는 거 잘 알아요, 정말 열심히 했는데….

루시 안타깝게도 아무도 내게 어떤 능력이 부족한지 말해준 적이 없어요.

란지트 (동정하는 마음에 한숨을 내쉬며) 아직 제대로 평가를 받아본 적이 없어서 그럴 겁니다. 관련 강좌를 들어봐요, 도움이 될 테니.

(마무리)

란지트 이제 다시 열심히 일합시다.

　루시가 고개를 끄덕이며 돌아선다.

란지트 와줘서 고마워요.

　(루시가 나간다.)

　란지트는 상대를 배려하면서도 좋지 않은 소식을 정확히 전달했다.

21장

개인적인 힘의 습관

실례를 들어 설명한 이 책의 방식은 여기에서 제시된 실전을 통해 여러분이 개인적인 힘을 발휘하는 습관을 기를 수 있다는 점에서 특별하다. 아래에 지금까지 살펴본 행동과 자신감의 관계를 요약했다.

진실 인정하기

진실을 부정하면 조화를 이루지 못하기 때문에 어려운 상황에 빠진다. 내심 불안해하면서 자신 있는 척하거나, 현재 상황에 불편해하면서 만족한 척 웃거나, 혹은 이견을 가지고 있으면서 동의하는 척 고개를 끄덕이거나, 걱정스러운 상황을 일부러 무시한다면 이는 진실을 부정하는 행위이다. 해결할 수 없다 해도 일단 현재 상황을 인정하면 다음에 취할 조치가 떠오른다.

불안을 직시하고 관리하기

이는 인정의 다음 단계다. 자신이 불안하다는 사실을 상대가 알아채면 '강력한' 모습을 보일 수 없다고 여기므로 우리는 대부분 불안하지 않은 척한다. 하지만 어려운 상황을 관리할 때 불안에 적응하고 대처하면 초기의 두려움을 극복하고 대화과정을 계속 진행할 수 있다.

감정을 표현하고 전달하기

인생에서 감성을 이성만큼 중요하게 여긴다면, 다른 사람의 행동에 반응하는 자신의 감정을 이해할 수 있다. 그러면 감정이 일어난 원인을 남의 탓으로 돌려 상대방을 비난하는 일은 줄어들고 오히려 자신에게도 책임이 있음을 깨닫는다.

싸우지 않고 이견 제시하기

아무리 여러분이 동의하지 않는다 해도 사람은 누구나 자신만의 의견을 가질 권리가 있다. 이는 평등한 관계의 기본이다. 상대보다 자신이 훨씬 사리에 밝다고 생각할 때 우리는 항상 '내가 옳고 너는 그르다'는 방식으로 상황을 처리하는데, 이러면 당연히 싸움으로 이어진다. 만일 부담감을 느끼고 자신의 생각을 논리정연하게 표현하지 못하면 싸움에 져서 무시당한다. 반면 침묵을 지키며 대다수의 의견에 따르는 척하면 여러분의 자존심이 곤두박질친다. '이견을 제시하는' 법을 배울 때 차이를 존중하는 삶을 살 수 있다.

불공평한 비판에 도전하기

의견이 일치하지 않을 경우 상대를 비난하게 되기 쉽다. 예를 들면 상대방의 말에 이의를 제기할 때 사람들은 흔히 비판적인 태도를 취한다. 하지만 대화의 문을 열어두고 이견을 제시하면 개인의 한계를 더욱 강력하고 유연하게 정할 수 있다.

한계 정하기

경계는 시작하고 끝맺는 지점을 알려준다. '아니오' '그만해요' '그만하면 됐어요' '지나치군요'라고 진지하게 말할 때 이를 '한계를 정한다'고 한다. 한계를 정하지 않으면 여러분은 개인적인 힘을 상대에게 뺏긴다. 자신의 개인적, 육체적, 감정적 한계를 스스로 찾아야 한다. 자신의 한계를 분명히 정하면 감정적으로 독립하는 데 도움이 된다. 감정적인 독립이란 무관심이 아니라 상대에게 감정을 표현하도록 기회를 주고 그것에 대해 책임을 지는 능력을 뜻한다. 서

로의 감정을 솔직히 주고받으면 싸움을 벌이지 않고 반대의
견에 대응할 수 있다. 또한 침묵이나 어색한 분위기가 흐를
때 이를 수습하려고 애쓰기보다는 자연스럽게 상황이 흘러
가도록 시간과 공간을 제공할 수 있다.

먼저 시작하기

기다리기보다 먼저 조치를 취할 때 개인적인 힘이 크게
증가하여 영혼의 활력소가 된다. 슬금슬금 눈치를 보거나,
초조해하며 걱정하거나 혹은 전화를 피하거나 우연히 마주
칠까봐 노심초사하지 말고 먼저 조치를 취하고 두려움에 맞
서며 행동하라.

선택하기

인생에서 우리가 통제할 수 없는 일은 많다. 하지만 주변
사람과 관계를 맺는 방식에 대해서는 다양한 선택을 할 수
있다. 우리에게 선택권이 있다는 사실을 깨달으면 자유로워
지고 강박관념에서 벗어날 수 있다. 인생의 여러 분야에서
선택권을 행사해보라. 화내지 않고 더욱 품위 있게 모든 상
황에 대처할 수 있을 것이다.

Part 3

The way forward 발전

22장

일상생활의 선택

　미리 연습을 하면 개인적인 힘을 더욱 쉽게 발휘할 수 있다. 이런저런 이유로 문제가 발생할 때 바로 대처하지 못하고 대화를 미루다 상황이 악화되는 경우가 있다. 이런 상황을 효과적으로 해결하고 싶다면 먼저 자신의 목표를 파악해야 한다. 개인적인 힘을 습관으로 익히면 어떤 상황이든 문제가 발생하는 순간 똑같은 원칙을 적용하여 해결할 수 있다. '무슨 일이 벌어지고 있는가?' '나는 어떻게 느끼는가?' '무엇이 바뀌기를 원하는가?' 라는 세 질문에 대한 해답을 찾는다면 개인적인 힘은 항상 여러분의 것이다.

　이 책에는 우리 인생의 평범한 일상에서 일어나는 몇 가지 인상적인 사건이 실려 있다. 이 책은 이런 여러 가지 사건을 개별적으로 분석하여 제각기 다른 대책을 제시하기보다는 오직 한 가지 원칙만을 고수한다. 즉 상대가 변하지 않을 거라고 체념하거나 상대를 공격하기보다는 개인적인 힘을 발휘하며 대화를 나누어라. 그러면 상황은 크게 달라진다.

여러 가지 상황

수요일 아침 8시, 에이미는 편지 한 통을 받았다. 친구 로라가 크리스마스 휴가 때 한 달 동안 오스트레일리아에 와 있으라고 그녀를 초대했다. 에이미는 순간 짜릿할 정도로 기뻤으나 금세 풀이 죽었다. 어떻게 아버지를 혼자 두고 간단 말인가? 3년 전 어머니가 돌아가신 이후 아버지는 늘 우울해하며 에이미가 방문하기만을 기다리신다. 크리스마스 때는 특히 더하다. 그녀는 열심히 일만 하면서 결정을 내리지 못하고 괴로워한다.

오전 10시, 캐롤은 리사, 샨토시와 회의를 하고 있다. 세 여성은 보험회사의 지국에서 근무하는 국장들로 한 달에 한 번 만나 문제를 의논하고 아이디어를 교환한다. 리사와 샨토시는 항상 캐롤을 무시하며 둘이서만 이야기를 나눈다.

오전 11시 30분, 앤디가 속을 끓이고 있다. 그의 직속상관인 브라이언이 한 시간 전에 하기로 한 회의에 또 나타나지 않았다. 회의가 없었다면 앤디는 고객을 방문할 수도 있었다. 브라이언이 나타나지 않는 바람에 앤디는 오전 시간을 아무 일도 못하고 허비해버렸다. 이번이 처음이 아니다. 그는 앞으로 절대 이런 일이 일어나지 않도록 브라이언과 원만하게 해결하고 싶다.

오후 1시 30분, 우샤는 어머니와 간단한 점심을 먹고 있다. 어머니는 우샤가 아이들을 돌보며 집에 있지 않고 일하러 다닌다고 또 잔소리를 하신다. 우샤는 어머니의 잔소리에 이제 넌더리가 난다.

오후 4시, 주디스는 시계를 쳐다보며 회의실에 앉아 있다. 학장의 길고 지루한 이야기에 모든 사람이 따분해한다. 그녀는 학장이 이제 입을 다물어주길 바란다.

오후 8시, 브리짓은 저녁 식사를 마치고 설거지를 하고 있다. 아이들은 잠자리에 들었고 남편 에디는 TV를 보고 있다. 에디는 방금 이번 주말, 자동차 경주에 초대받았다고 말했다. 그녀는 별다른 반응을 보이지 않았지만 속은 부글부글 끓는다. 그녀는 주말은 당연히 가족끼리 보낼 거라고 생각했다. 그녀는 이 문제를 어떻게 해결해야 할지 고심한다.

반응

우리는 매일 크고 작은 여러 가지 복잡한 문제에 직면한다. 충돌이 예상되는 어려운 주제에 대해 상대와 대화를 나누어야 할 때 우리는 대화방식을 잘 결정해야 한다.

에이미는 계속 고민만 하거나 아니면 세 질문을 자문할 수 있다. 세 질문에 답하다보면 자신이 이미 결정을 내렸다는 사실을 깨달을 것이다. 그녀는 오스트레일리아에 가고 싶다. 그런데 어떻게 아버지에게 말해야 하는가?

정직하고 솔직하게. 그녀는 직장에서 잠시 쉬는 동안 아버지에게 전화를 건다.

에이미 아빠. 예, 저예요. 알아요. 지금 일하는 중이지만 중요한 문제에 대해 드릴 말씀이 있어서요. 오늘 아침 로라에게 편지를 받았는데, 나보고 크리스마스 휴가동안 오스트레일리아에 왔으면 좋겠다고 하네요.

아빠 크리스마스에!

에이미 예, 알아요, 아빠. 아빠와 같이 지내야하지만 정말 오스트레일리아에 가고 싶어서 어떻게 해야 할지 모르겠어요. 괜찮으시겠어요?

아빠 (나지막이) 잘 모르겠다…

(마무리)

에이미 저, 아빠, 지금 길게 얘기 못해요. 생각할 시간을 드리려고 전화 드렸어요. 오늘 밤 한가할 때 전화 다시 할게요, 그때 의논해 봐요. 어떠세요?

아빠 좋다. 8시 이후에 전화해라.

에이미 안녕히 계세요, 아빠. 사랑해요. 오늘 밤에 통화해요. (전화를 끊는다.)

캐롤은 그들에게 별 불만을 이야기하지 않고 두 여자가 늘 하던 대로 내버려 두거나 그들에게 자기 생각을 솔직하게 전할 수 있다.

캐롤 음, 저 할 말이 있어요. (두 여자가 캐롤을 잠시 쳐다보다가 이야기를 계속 한다.) 할 말이 있다고요. (이번에는 더욱 단호한 목소리로 말한다.) 좀 멍청하게 들리겠지만 우리가 만날 때마다 두 사람만 계속 말하다 회의가 끝나더군요. 물론 말을 끊기가 쉽지 않아서 내가 가만히 내버려뒀지만 말이에요.

산토시 그럼 캐롤도 말해요. 아무도 안 막으니까.

리사 우리가 그렇게 말을 많이 했나요? 미안합니다. 몰랐어요.

캐롤 사과할 필요는 없어요. 말을 안 한 사람은 나니까. 그래서 지금 이렇게 말하는 거고요. 우리 지금부터 모두 회의에 참여할 기회를 가지도록 원칙을 정하면 어떨까요?

한편 앤디는 여전히 씨근대고 있다. 브라이언은 전화를 걸어 몇 분 후에 오겠다고 한다. 앤디는 어떤 선택을 할 수 있을까? 그는 브라이언이 문을 들어서는 순간 곧바로 그를 공격할 수 있다. 하지만 그렇게 되면 그들의 관계에 부정적인 영향을 끼칠 것이다. 반대로 극단적인 감정을 느끼더라도 차분히 가라앉히고 어느 정도 마음이 진정된 후 브라이언과 대화를 나눌 수 있다. 앤디는 후자를 택한다.

브라이언 (동료 두 명과 함께 들어온다.) 미안해, 앤디. 또 차가 막혔어, 앤디도 알지, 얼마나….
앤디 브라이언, 한 5분만 얘기하고 싶은데요, 음, 12시에.
브라이언 우리 점심 먹으러 갈 건데. 무슨 얘기를 하려고.
앤디 12시까지 기다릴게요. 점심 먹으러 가기 전에 만날 수 있을까요?
브라이언 좋아, 대신 잠깐만이야.

앤디는 공격적인 태도를 취하지 않기 위해 준비를 한다. 그는 무엇을 원하는가? 브라이언이 시간을 지켰으면 좋겠다. 이게 현실적으로 가능할까? 생각 끝에 앤디는 회의가 취소되면 미리 알려주겠다는 약속을 받아내기로 결심한다.

12시 15분.

앤디 브라이언, 당신이 미리 말도 없이 회의를 취소하면 난 정말 몹시 화가 납니다. 아무 일도 못하고 손가락만 두드리고 앉아 있어야 하니 정말 시간 낭비죠.

브라이언 알아. 난 마리온이 앤디에게 전화할 거라고 생각했지. 미안해, 하지만 요즘 할 일이 너무 많아서. 어떤지 알잖아. 나도 어쩔 수 없어.

앤디 당신이 늦을 경우 제게 메시지를 전해주면 좋겠어요. 그러면 회의가 취소 된 걸로 알고 다른 약속을 정할 수 있잖아요. 어떠세요?

브라이언 괜찮군.

앤디 좋습니다. 그러면 됐습니다. 점심 잘 드세요.

우샤는 점심 식사가 그리 즐겁지 않다. 우샤의 어머니는 엄마가 된 딸에게 엄마로서 무능하다며 귀에 거슬리는 소리를 한다. 우샤는 아무 말 없이 있다가 결국 참지 못하고 분노를 터트려 자신의 감정을 나타낼 수도 있지만 솔직히 대화를 나누어 문제를 처리할 수도 있다.

우샤 엄마, 드릴 말씀이 있어요. 좀 곤란한 얘기여서 말하기가 쉽지 않군요.

어머니는 귀를 기울이고 듣는다.

우샤 제가 일하는 걸 탐탁지 않아 하시는 거 잘 알아요.

어머니 탐탁지 않아서가 아니라…

우샤 제 말 좀 들어봐요, 엄마. 집에 있으라고 말씀하실 때마다 전 정말 불쾌해요.

어머니 난 애들이 걱정 되서 그럴 뿐이야.

우샤 저도 마찬가지에요! 충분히 생각한 다음 직장에 다시 나가기로 결정한거예요. 우리는 일과 가정생활을 모두 잘 해내려고 노력하고 있어요. 만일 애들이 힘들어하는 것 같으면 다시 생각할 거예요. 그러니 지금은 엄마가 잔소리하기보다는 도와주셨으면 좋겠어요.

어머니 도와주려고 노력하고 있단다. 네 말 무슨 뜻인지 알겠다. 얘야.

우샤 (웃으며) 고마워요. 이제 디저트 먹을 시간이죠?

회의가 끝나지 않을 것 같다. 주디스는 자신이 할 수 있는 일을 곰곰이 생각한다. 평소와 다름없이 가만히 앉아 있을 수 있다. 하지만 자신의 의견을 표현한다면 어떻게 될까? 그녀가 정말 학장에게 도전할 수 있을까?

그녀는 무엇을 원하는가? 학장이 이야기를 멈추고 다른 사람에게 발언할 기회를 주면 좋겠다.

기분이 어떤가? 불만스럽다.

그녀는 몹시 긴장되지만 입을 뗀다.

주디스 저 잠깐만요, 윌슨 교수님. 잠깐만요.

모든 사람이 맥 놓고 앉았다가 깜짝 놀라며 그녀를 바라본다.

주디스 말을 끊어서 죄송합니다만 우리가 이 회의에 참여하지 못해서 좀 불만입니다. 우리에게도 기회를 주실 수 있을지 궁금하군요. 다른 사람들 생각은 어떤지도….

다른 사람들이 동의한다고 중얼거리는 소리가 들린다.

주디스 윌슨 교수님, 그 주제에 대해 우리 의견을 발표할 수 있을까요? 가능한가요?

윌슨 교수 (놀라지만 크게 짜증내지는 않는다.) 어, 음, 그래요, 그러지 못할 이유가 없죠.

부엌에서 할 일을 모두 마친 후 브리짓은 자리에 앉아 생각한다. 에디가 주말에 혼자 외출해 즐긴다는 사실에 화가 난다. 그녀는 아무 말 않고 희생자로 남아 남편에게 왠지 속는 듯한 기분을 느끼며 분노를 쌓거나 아니면 초기에 뿌리를 뽑기로 작정할 수 있다.

그녀가 진정으로 원하는 것은 무엇인가? 에디와 함께 문제에 대해 이야기를 나누고 싶다.

그녀는 거실로 가서 에디에게 뉴스가 끝난 후 이야기 좀 하자고 얘기한다. 에디는 거의 끝났다며 TV를 끈다. 소파를 툭툭 치면서 브리짓에게 와서 앉으라고 말한다. 브리짓은 에디의 얼굴을 정면으로 볼 수 있도록 어느 정도 거리를 두고 앉는다.

브리짓 에디, 문제가 있어서 솔직히 얘기하고 싶어.
에디 뭔데?
브리짓 토요일에 혼자 외출한다고 해서 짜증이 났어. 그건 불공평해.
에디 딱 하루뿐이야, 일요일엔 당신 부모님 만나러 갈 거구.
브리짓 알아. 당신이 하루 쉰다고 뭐라고 하는 게 아니야, 열심히 일했으니 쉬어야지. 하지만 난 집안일이 너무 벅차서 토요일에는 당신이 좀 도와줄 거라고 생각했어. 난 쉴 시간이 없다고.
에디 당신이 뭘 하든 난 반대한 적 없어.
브리짓 그렇지. 그런 적 없지. 우리가 맞벌이하기로 결정했을 때 우리 둘 다 힘들 거라고 생각했잖아, 난 나한테 한마디 말도 없이 당신이 혼자 놀러간다고 화를 내며 집안일이나 하고 싶지 않아. 난 그러고 싶지 않단 말이야.

에디 당신이 집안일을 다 하진 않잖아.

브리짓 주말에는 좀 정리가 돼야지. 내 말은 그거야.

에디 그래서 당신이 원하는 게 뭐야?

브리짓 지금 상황이 너무 힘들어, 우리 둘 다에게. 누가 무슨 일을 할지 정해서 자기가 맡은 일은 반드시 하는 걸로 분명하게 합의하고 싶어.

에디 집안일 할 시간은 당신이 정하지 말고 서로 의논해서 정했으면 좋겠다.

브리짓 (알았다는 듯이 웃으며) 좋아. (손을 내밀어 악수를 청한다.)

 에디는 그녀의 손을 잡고 그녀를 끌어당긴다.

23장

고맙다고 말하기

지금까지 살펴본 어려운 문제는 모두 다소 불쾌한 일이었다. 하지만 우리는 대부분 긍정적인 이야기도 상대방에게 쉽사리 꺼내지 못한다. 우리는 간혹 상대가 살아 있을 때, 가까이 살 때, 같은 사무실에 있을 때, 같은 팀에서 운동을 같이 할 때, 혹은 같은 강좌를 들을 때 제대로 고마움을 전하거나 그가 얼마나 특별하며 중요한 사람인지 말하지 못했다고 후회한다. 이것이 자기검열(self-censorship)이다. 그 때 솔직히 이야기하고 싶었지만 방법을 몰라 지나쳤던 일을 우리는 지금도 여전히 그대로 방치한다.

이런 경우에도 힘의 수직구조가 우리를 가로막아 솔직히 이야기하기가 어렵다. 직원을 칭찬하거나 강좌가 큰 도움이 되었다고 선생님에게 말하면 상대방보다 '낮은' 위치로 떨어진다고 여긴다. 또한 상대를 칭찬한다면 잘난 척하거나 알랑대거나 혹은 뭔가 꿍꿍이가 있는 것처럼 보일까봐 망설인다. 반대로 칭찬받는 사람도 아부는 사람들이 뭔가 얻고 싶어서 꾸미는 교묘한 술책의 한 가지라는 사실을 잘 알기 때문에 칭찬을 받으면 오히려 '저 사람이 뭘 바라고 저러지?' 하고 상대의 의도를 의심한다.

세상에는 위선과 거짓이 판을 치고 사실과는 달리 긍정적인 반응을 보이거나 입에 발린 칭찬을 해주려고 애쓰는 경향이 많다. 비록 직원들에게 협조를 구하거나 심리치료를 할 경우 적절한 분위기를 조성하기 위해 이런 관행이 필요하다고 생각하는 사람이 있지만 우리는 대부분 이런 인위적인 행위를 싫어한다.

이런 사회적 분위기 때문에 진실한 감정과 단순한 예의를 구별하기가 점점 어려워진다.

어린아이들은 단순하고 천진난만하게 사랑을 표현하는 능력을 지니고 있다. 반면 어른들은 힘으로 사랑을 보여주면서 '단순한 표현'이라는 기술을 잃어버렸다.

진심에서 우러나는 솔직하고 어눌한 말이 판에 박힌 감상적인 대사보다 더욱 감동적이지만 우리는 그럴싸하게 들려야 한다는 생각에 말하는 일조차 난감해한다.

그래서 결국 혼잣말을 하고 만다. 자신이 상대를 사랑한다는 사실을 상대도 알고 있는데 무엇 때문에 굳이 말로 해서 자신을 멍청이로 만들고 상대를 당황스럽게 하는가? 그래서 우리는 결혼식이나 장례식 같은 감정이 북받치는 행사가 있을 때까지 기다렸다가 감정을 표현할 기회로 삼는다.

그러면 어떻게 진실하게 있는 그대로 상대를 인정할 수 있을까? 진실하게 보이려면 구체적으로 감정을 표현해야 한다. 즉 '훌륭했어' '잘했어' 라는 일반적인 말을 넘어서 여러분이 인정하는 일을 더욱 정확하게 밝혀야 한다. 따라서 무엇 때문에 상대에게 고마움을 전하고 싶은지 진지하게 생각해보는 것이 현명하다.

이런 상황에서 마무리하는 법 또한 중요하다. 칭찬을 받으면 누구나 어색하게 느낀다. 그러므로 상대가 부끄러워하거나 심지어 좀 퉁명스럽게 굴거나 겁을 먹더라도 개의치마라. 어색함을 무마하기 위해 사람들은 흔히 취하는 태도라고 생각하라. 하고 싶은 말을 전했다면 상대가 자기 나름의 방식으로 받아들이고 이해하도록 기회를 주어라. 여러분이 용기를 내어 진심을 표현했다고 해서 상대가 여러분을 대단한 사람으로 추켜 세워줄 의무는 없다. 또한 상대가 어색해하더라고 당연하게 받아들이고 비판을 할 때와 마찬가지로 이야기를 마무리하라.

사람들이 제각기 다르므로 정해진 공식은 없다. 하지만 아래에 몇 가지 실례를 보면 인정, 존경, 사랑 등 직접 전하기 어려운 감정을 어떻게 표현해야 하는지 대략 알 수 있을 것이다.

헬렌은 미술학교에서 3년 과정을 마치고 어떤 선생님에게 감사의 인사를 하고 싶어 한다. 하지만 그 선생님은 좀 까다롭고 구식이라는 평판을 받고 있다.

그녀는 연구실 문을 노크한다.

헬렌 마이어스 선생님? 잠깐 들어가도 될까요?
마이어스 안녕, 헬렌. 무슨 일이지?
헬렌 선생님께서 저를 격려해주셔서 감사하다는 말을 하고 싶어서 왔어요.
마이어스 뭐 하러 왔다고?
헬렌 선생님께서 절 많이 격려해주셔서 더 열심히 노력할 수 있었어요. 정말 많이 배웠습니다. 감사합니다. (웃는다.)
마이어스 (약간 당황하며) 음, 그건, 어… 그렇게 말하다니 좋은 학생이군.

헬렌은 머뭇거리지만 명백한 반응이 없다.

헬렌 이제 가봐야겠군요.

마이어스 선생님은 고개를 끄덕인다. 헬렌은 약간 어색함을 느끼며 방을 나선다. 비록 헬렌은 보지 못했으나 선생님의 얼굴에는 기쁨의 미소가 떠오른다.

켄과 질은 사람들이 모두 돌아간 후 녹초가 되어 소파에 앉아 있다. 그들은 손자의 첫돌잔치를 열었고 하루 종일 열세 명의 손님을 치렀다.

켄 (질을 바라보며 웃는다.) 파티에 만족해?
질 (고개를 끄덕이며) 그래요, 잘 치른 것 같아요.
켄 여보, 나를 포함해서 우리 가족이 늘 당연하게 여기고 표현하지 않지만 당신 너무 수고했어. 오늘 음식이며 손님접대며 모든 게 흠 잡을 데 없더군. 당신 너무 훌륭해.
질 (놀라지만 웃으며) 당신도 훌륭해요.
켄 그렇지, 맡은 임무를 충실히 했지. 당신은 너무 특별해.
질 (어깨를 으쓱거리며) 그런 낯간지러운 소리 그만두세요.
켄 진심이야. 자, 커피 한 잔 타줄래.

애나와 아버지가 점심을 먹고 있다. 몇 년 전(아버지의 주벽 때문에) 부모님이 이혼한 이후 애나는 아버지를 자주 만나지 못했다. 애나는 약혼한다는 소식을 알리기 위해 아버지와 만날 약속을 정했다.

아빠 좋은 사람 같구나. 언제 내게 소개시킬 거냐?
애나 한 번 데리고 올게요. 아빠 맘에 들었으면 좋겠요.

아빠 그럴 거야. 너한테만 잘해주고 너만 잘 보살펴주면 난 바랄 게 없어.

애나 기뻐하시니 저도 기분 좋아요.

아빠 물론 기뻐. 넌 현명한 애니까 올바른 선택을 할 거라 믿는다.

애나 아빠, 우리 그 동안 여러 가지 일을 겪었지만 제가 아빠 편이었다는 사실을 알려드리고 싶어요. 주변의 제 또래 여자 애들을 보면 제가 참 행운아라는 생각이 들어요. 아빠 같은 분을 아빠로 두었으니까요. 아빠는 언제나 내게 자신을 존중하라고 가르치셨잖아요. 다른 사람의 이목에 신경 쓰거나 다른 사람을 기쁘게 하려고 애쓰지 말라고 항상 말씀하셨죠. 그래서 내가 현명한 선택을 할 수 있었어요. 그러니 모두 아빠 덕이에요.

아빠 (감동해서 아무 말도 하지 못한다.)

애나 아, 아빠. (눈에 눈물이 가득한 채 키스를 하려고 몸을 숙인다.) 자, 이 음식 다 해치우자고요.

바즈와 로렌스는 공원으로 가는 중이다. 그들은 거의 17년 동안 사귄 친구다. 로렌스 부모님은 사이가 매우 좋지 않아 작년부터 별거 중이다. 상황은 어느 정도 안정되었으나 로렌스는 바즈와 많은 시간을 함께 지낸다. 말로 표현하지는 않지만 로렌스는 바즈를 믿을 수 있는 유일한 사람으로 여긴다.

로렌스 바즈, 좀 바보같이 들리겠지만 네게 할 말이 있어.
바즈 (노래하듯이) 뭐, 뭘 말하고 싶은데?
로렌스 올해 넌 내게 너무 멋진 친구였다고 말하고 싶어. 정말이야.
바즈 (건성으로) 알았어.
로렌스 (당황하며) 그래서 고맙다고 말하고 싶었어.
바즈 알았어. 내가 네 처지였다면 너도 분명 똑같이 해줬을 거라고 생각해.
로렌스 누구든 나 같은 일을 겪지 않았으면 좋겠어. 자, 트랙 한 바퀴 돌까?

단순하고 감동적인 표현의 가치는 이루 말로 표현할 수 없다. 안타깝게도 솔직한 대화를 불편하게 여기다보니 상대에 대한 비판뿐 아니라 이따금 진심에서 우러나는 감사까지 표현하기를 꺼린다. 상대를 당황스럽거나 어색하게 만들 수 있다고 생각하기 때문이다. 약간의 위험만 감수하면 큰 보상을 받을 수 있다.

24장

결론

솔직한 대화에 좀 더 익숙해지면 생각보다 더 많은 것을 변화시킬 수 있다. 이따금 우리는 어떤 일이 벌어지든 감수할 수 있다고 생각하며 살아간다. 또 평생 동안 무력함을 느끼며 참을 수밖에 없다고 믿는다.

대안이 없으니 참아야 한다고 생각할 때마다 '헤티 테스트(Hetty test)'를 시도해보라. 헤티는 시골 마을에 사는 늙은 미망인이다. 그녀의 이웃인 클라크슨 가족은 다른 마을 사람들과 마찬가지로 친절하다. 사실 그리 친절하지 않을지 모르지만 큰 문제는 없다. 그래서 헤티는 오랫동안 아무 말 하지 않았다.

27년 동안 헤티는 이웃의 중앙난방시스템 때문에 애를 먹었다. 그녀는 난방시스템에서 나오는 연기 탓에 이미 오래전부터 뒤뜰에 나가지 않았다. 바람이 집 앞으로 부는 날이면 심지어 앞뜰에서도 불쾌한 배기가스 때문에 정원을 손질하거나 잔디를 깎을 수 가 없었다. 겨울뿐 아니라 여름에도 어디에나 연기가 헤티를 따라다녔다.

헤티는 왜 아무 말을 하지 않는가? 그것을 견뎌야 할 '운명'이라고 생각하기 때문이다. 그녀는 그곳의 평화와 고요함, 친절한 이웃을 좋아하기 때문에 이사할 마음이 전혀 없다. 무엇보다 클라크슨 가족의 기분을 상하게 하기를 원치 않기에 아무 말 하지 않는다. 문제를 일으키고 싶지 않은 것이다.

어느 날, 헤티는 놀라운 사실을 발견했다. 어떤 방문객과 대화를 나누던 중 일부 배기가스는 없앨 수 없지만 시스템을 정기적으로 분해해서 청소하면 유독가스의 양을 줄일 수 있다는 사실을 알았다. 개선할 수 있는 방법이 있다는 말에 수년 동안 불편함을 감수했던 헤티의 태도가 완전히 바뀌었다.

이틀 후 헤티는 클라크슨 가족에게 사실을 말했고 그들은 그동안 그녀가 아무 말을 하지 않았다는 사실에 깜짝 놀랐다. 클라크슨 씨는 즉시 난방회사에 전화를 걸어 서비스 일정을 정했다. 헤티는 오히려 왜 일찍 말하지 않았는지 후회스럽다.

헤티 이야기의 핵심은 약간의 고통을 감수하겠다고 결정

하면 당연히 그래야 하는 것으로 자신최면을 건다는 사실이다. 그러므로 정말 그래야 하는지 자문해보라.

물론 상황을 바꿀 수 없는 경우도 있다. 지진, 폭력, 사고, 질병, 우연한 만남 등 우리 삶을 바꿔놓는 사건은 무수히 많다. 우리에게 일어나는 사건을 통제할 수는 없지만 그것에 대한 우리의 반응방식은 선택할 수 있다.

이 때 '무엇이 달라지길 원하는가? 이런 요구가 합당한가?' 라는 질문이 중요하다. 인간관계에서 어떤 점을 바꾸려고 할 때 우리는 바꿀 수 있는 것과 없는 것을 혼동하는 실수를 저지른다. 예를 들면 배우자나 부모가 완전히 다른 사람이 되기를 바라면서 어떤 특정한 변화만 원하는 척한다.

소원 성취 요정

우리는 소원 성취 요정을 항상 주시해야 한다. 그녀는 우리를 유혹할 온갖 환상과 꿈을 가지고 날아다닌다. 그녀는 이상적인 파트너, 완벽한 남편, 세상에서 가장 훌륭한 동료, 가장 사랑스러운 아이, 가장 유능하고 활기찬 상사 등을 꿈꾸게 한다…. 하지만 현실은 이와 다르다.

여러분은 '무엇이 달라지기를 원하는가' 라는 질문에 다음과 같이 대답한다.

- ❌ 남편이 야망을 가졌으면 좋겠다.
- ❌ 상사가 팀 관리 능력이 뛰어난 사람이면 좋겠다.
- ❌ 아내가 더 섹시하면 좋겠다.
- ❌ 내가 일일이 지적하지 않아도 남자친구가 알아서 집안일을 해주면 좋겠다.
- ❌ 동료가 전임자만큼 더 협조적이면 좋겠다.
- ❌ 아이들이 감사하는 마음을 지녔으면 좋겠다.

여러분은 이런 식으로 소원성취 요정의 유혹을 느낀다.

상대에게 바라는 작은 변화가 있는지, 여러분이 요구하는 구체적인 변화가 있는지 다시 한 번 자문해보라. 만일 생각나지 않는다면 이 과정을 진행하지 말아야 한다. 자신을 바꾸고 싶어 하는 사람은 없다. 만일 이런 터무니없는 요구를 한다면 상대는 분명 화를 낼 것이다.

소원 성취 요정을 조심하라. 만일 여러분이 '난 당신이 이런 저런 사람이 되면 좋겠다'고 말한다면 이는 소원 성취 요정이 당신을 유혹하고 있다는 뜻이다. 그녀의 이상주의는 접어두고 상대가 실행할 수 있는 변화를 제시한다면 앞에서 배운 과정을 진행할 수 있다.

이 책에서 제시한 여러 사례를 바탕으로 여러분이 피해야 할 요소에 대해 열 가지 조언을 제시한다.

1. 충격, 슬픔, 두려움, 분노 등 극단적인 감정을 느낄 때는 이 과정을 시작하지 않는다. 현재 상황을 어느 정도 객관적으로 생각할 수 있고 감정이 진정될 때까지 기다린다.

2. '구체적으로 무엇이 달라지기를 원하는가?'에 대한 답변을 찾지 않았다면 대화를 시작하지 않는다. 먼저 자신이 원하는 변화를 분명히 확인한다.

3. 특정 상황이 다시 일어날 때까지 기다리지 않는다. 먼저 조치를 취하라.

4. 식사를 하거나 술을 마시거나 혹은 TV를 보면서 중요한 대화를 나누지 마라. 이야기를 나눌 시간과 공간을 따로 정한다.

5. 복도, 상점, 거리에서 상대와 우연히 마주쳤을 때 대화를 시작하지 않는다. 만날 약속을 미리 정하라.

6. 자신의 의견을 뒷받침해줄 수단으로 다른 사람을 끌어들이지 않는다. 자신의 감정과 의견은 자신이 밝힌다.

7. 과정이 저절로 진행될 것이라 생각하지 않는다. 일단 하고 싶은 말을 하고 상대가 경청했다면 여러분이 마무리한다.

8. 한꺼번에 여러 가지 비난을 퍼붓지 않는다. 한 번에 한 가지씩 처리한다.

9. 도덕적인 우월감을 버린다. 필요하다면 현재 상황에 대

해 책임을 지고 평등한 관계를 유지한다.

10. 불가능한 일을 요구하지 않는다. 상대가 바꿀 수 있는 것을 요구한다.

평생 습관 바꾸기

다음 사례는 우리가 평생 배워온 내용과 모순되기 때문에 매우 어려운 상황이다. 어린 시절 누군가로부터 비난을 받는다면 우리는 비난하는 법부터 배운다. 간단한 사례를 살펴보자. 어떤 아이의 글씨가 너무 엉망이라 고쳐주고 싶은 선생님은 여러 가지 방법을 쓸 수 있다.

(a) "션, 정말 엉망이구나! 배리처럼 깔끔하게 쓸 수 없니?"

(b) "내가 몇 번이나 말했어, 션, 깔끔하게 쓰라고 했잖아, 깔끔하게."

(c) "션, 노력을 충분히 안 하는구나. 제대로 쓸 때까지 오늘 집에 못 갈 줄 알아."

아이들의 잘못을 바로잡는 일은 선생님이 행사할 수 있는 정당한 힘의 일부이다. 위의 예는 흔히 쓰는 방식으로 간접적인 공격을 이용한다. 이는 모두 션이 낮은 위치에 있다는 점을 시사한다. (a) 배리가 글씨를 더 잘 쓰고 (b) 너무 멍청해서 선생님이 원하는 것을 이해하지 못하며 (c) 노력을 기울이지 않아 벌을 주겠다고 위협하기 때문이다.

만일 선생님이 이 책에서 제시한 지침을 적용한다면 다음과 같이 이야기할 수 있다.

"네가 필기하는 방식이 마음에 들지 않아, 션. 다시 썼으면 좋겠다. 이번엔 똑같은 크기로 줄을 맞춰서 글씨를 써봐."

이 간단한 말에 세 가지 요소(감정, 현재 행동, 구체적인 요구)가 모두 담겨 있다.

원하는 결과만 얻으면 무슨 방법을 쓰든 상관없다고 말할지도 모른다. 하지만 어릴 때부터 상대를 무시하지 않고 행동을 비판하고 바로잡는 모형을 제시한다면 상황은 크게 달라질 것이다.

굳이 그래야 하는가?

이렇게 구체적으로 예시를 들어도 그럴 만한 가치가 있을지 의문스럽다면 다른 대안을 생각해보자. 우리는 투덜대며 불평하고 괴로워하면서 엄청난 시간과 에너지를 낭비한다. 결국 불만이 쌓이고 쌓여 관계가 악화된다. 직장에서 서로에 대한 분노가 쌓이면 팀의 잠재력이 손상되고 효율성이 떨어지며 끊임없이 긴장하느라 창의력을 발휘하지 못한다.

인간관계에서 감정을 제대로 표현하지 못하면 결국 공격적으로 폭발하고 따라서 퉁명스럽고 피상적인 대화만 나누게 된다.

멀리 있는 사람과 더 빨리 대화를 나눌 수 있는 이 시대에도 우리는 친밀한 관계를 맺지 못한다. 시시하고 하찮은 내용의 피상적인 대화가 이렇게 난무한 적이 없다. 우리는 흔히 패션, 스포츠, 음식, 정원, 애완동물, 날씨, 휴가, 최신스타일의 부엌 등에 대해 즐겁게 이야기를 나눈다. 또한 감정을 느끼는 경우도 흔하다. 하지만 현대인들은 감정을 반드시 제거해야 할 위험한 요소라고 단정한다.

환경이나 상황에 관계없이 이 책에 나오는 모든 대화의 공통점은 감정을 표현하지 못할 때 대화가 어려워진다는 점이다. 항상 감정이 중요한 요소다.

감정에 대한 정보의 부족과 불안, 그리고 감정을 억제해야 한다는 생각 때문에 우리는 문제가 생기면 감정으로 표현하기보다는 으레 공격적인 태도를 취한다.

공격성이라는 단순한 요인이 모든 인간관계에 해를 끼친다. 공격성으로 말미암아 파트너, 자녀, 친구들과 친밀해질 능력을 잃었고 피상적인 주제가 아니면 대화를 나누지 못한다. 옆 책상에 앉은 사람이나 같은 침대를 쓰는 사람과 솔직하게 대화를 나누지 못하고 TV 드라마에 나오는 등장인물과 자신을 동일시하면서 감정을 해소한다.

가장 가까운 사람에게조차 진심을 털어놓지 못하고 심리 전문가를 찾는다. 치료집단에서 이야기를 하는 경우는 이따금 도움이 된다. 하지만 이런 인위적인 분위기에서 형성된 친밀함은 아무리 극적이라 하더라도 실제 인간관계에서 상처를 주고받으며 얻는 친밀함과는 비교할 수 없다.

우정과 친밀함은 서로의 책임을 인정하고, 때로는 말다툼도 하고, 배려하며 함께 부대낄 때 생긴다. 우정과 친밀함에는 노력과 시간 그리고… 정직함이 필요하다. 기꺼이 마음을 열고 자신의 나약한 모습까지 보인다면 의미 있는 진정한 대화를 나눌 수 있다. 하지만 안타깝게도 이런 태도를 가진 사람은 매우 드물다. 그래서 소원 성취 요정에 의존하고 사람들과 접촉하고 헌신하는 현실보다는 환상과 이상을 동경한다.

피상적인 대화만 나누는 경향은 개인적인 관계뿐 아니라 전반적인 사회적 추세에도 영향을 끼친다. 이 책에서 제시한 대화 과정을 따르면 상대의 말에 귀를 기울일 수 있다. 말하기 어려운 문제를 제기하고 그것에 대해 대화를 나누지 않으면 사람들이란 원래부터 음흉하고 파렴치하며 야비한 성격이라고 믿는 고정관념은 영원히 사라지지 않는다.

여러분이 껄끄러운 주제로 상대와 대화를 하다보면 지금

껏 몰랐던 상대의 또 다른 면을 발견하기도 한다. 즉 상대에 대한 자신의 생각이 잘못이었다는 사실을 깨닫는 것이다. 이것이 대화의 핵심이다. 이런 사실을 깨달으면 상대를 보는 여러분의 인식은 즉시 바뀐다. 즉 이제는 상대를 물건이나 종이인형 등의 말 못하는 대상으로 보지 않는 것이다. 솔직히 이야기하면서 겉모습이 아니라 서로 진정한 속마음을 보여준다. 상호적인 대화에서는 이 과정이 쌍방향으로 일어난다.

진정한 대화를 나누지 않는다면 우리는 계속 서로를 감정이 없는 대상으로 여기며 우리 임의대로 그들의 모습을 상상한다. 상대에게 욕설을 하거나 흠모하거나 혹은 경멸하거나 원하거나 우리는 그들을 감정이 없는 대상으로 바꾸어 버린다. 그래야만 공격할 수 있기 때문이다. 만일 상대를 단지 앞잡이, 직원, 오페어, 상사, 어린아이, 파키, 노인으로만 본다면 그들의 다른 모습을 보지 못한다. 예쁜 '그것', 혐오스러운 '그것', 불쌍한 '그것' 등 인간이 '그것'으로 전락하는 것이다. '그것'은 언제나 감정이 없는 대상에 지나지 않는다.

반면 진정한 대화를 나누며 서로의 차이점뿐만 아니라 그 차이점 사이에서 평등함을 발견한다. 나는 인간관계의 핵심은 우정을 나눌 수 있는 능력이라고 생각한다. 독립을 자유라고 생각하는 사람도 있지만 요즘의 추세로 보면 독립은 감정적인 고립과 외로움을 초래하는 감정일 뿐이다.

그러므로 좀 더 진실하고 만족스러우며 의미 있는 인간관계를 맺으려면 솔직하고 정직하게 대화를 해야 한다.

이 책에 실린 지침은 여러분이 대립의 강 앞에 서서 '어떻게 안전하게 건널까' 라고 생각할 때 문득 발견하는 디딤돌과 같다. 강 저편에서 눈을 떼지 않고 그 돌 위로 한 발자국을 디딜 때마다 여러분은 자신감과 자기신뢰의 발판을 얻는다. 지침을 따르지 않는다면 그 발판을 잃지만 그대로 따른다면 큰 힘을 얻으면서 그 강을 뛰어넘을 수 있을 것이다. 강 저편으로 가겠다는 결단이 두려움을 물리치기 때문이다.

나는 두려움에 떨며 이 과정을 시작했던 사람들이 그 디딤돌 위로 힘겹게 발을 내딛는 모습을 수없이 봤다. 어떤 지점에 이르면 어떤 문제가 해결된다. 이제 더 이상 말하기가 어색하거나 어렵지 않다. 편안하게 자신감을 가지고 유머감각을 발휘하며 대화를 시작한다. 대화를 나누면서 자신의 참모습을 찾으며 공격성을 버리고 개인적인 힘의 에너지로 충만해진다.

일단 한번 이 과정을 거치면 다음에는 쉽게 반복할 수 있다. 이 과정을 통해 대화를 미루지 않고 그 자리에서 솔직히 터놓고 이야기할 수 있으며, 동등하게 책임을 지고 여러 지침을 이용하면서 오래된 과거의 오해를 청산할 기회를 얻기도 한다. 개인적인 힘의 기반이 형성됨에 따라 다른 사람의 참모습을 발견하기도 하며, 상대에 대한 동정심은 깊어지고 공격적인 습관은 약해진다.

또 비판에 적절히 대처한다면 그것은 소중한 선물이 될 수도 있다. 애써 비판할 만큼 상대에게 관심이 있고 그 관계가 중요하다는 뜻이기 때문이다. 어려운 문제에 대해 용기를 내어 대화한다면 그것은 상대가 중요한 사람이라는 뜻이다. 그 사람과 함께 있거나 일하거나 혹은 사는 일이 중요하기 때문에 마음을 열고 감정을 표현한다. 이렇게 형성된 새로운 인간관계에서 오는 풍요로움은 실로 놀랍다.

자신의 개인적인 힘을 깨달으면 언제 대화를 나누고 언제 침묵을 지켜야 할지 분명히 알 수 있다. 두려움으로 인한 침묵과 현명함에서 오는 침묵은 다르다는 사실을 명심하라. 무엇보다 머릿속으로 상상하는 불필요한 두려움에 사로잡히지 않고 살아가는 법을 배울 수 있다. 그러면 마음을 열고 목소리를 찾아 가벼운 발걸음으로 인생의 여정을 헤쳐갈 수 있을 것이다.

상대방이 절대 거절하지 못하는 대화법

초판1쇄 인쇄 | 2008년 1월 29일
초판1쇄 발행 | 2008년 1월 30일

지은이 | 앤 딕슨(Anne Dickson)
옮긴이 | 이미숙
펴낸이 | 박대용
펴낸곳 | 도서출판 징검다리

주소 | 413-834 경기도 파주시 교하읍 산남리 292-8
전화 | 031)957-3890, 3891 팩스 | 031)957-3889
이메일 | zinggumdari@hanmail.net

출판등록 | 제10-1574호
등록일자 | 1998년 4월 3일

ISBN 978-89-6146-107-8 03840

*잘못 만들어진 책은 교환해 드립니다

김태광 지음/값 9,000원

지혜의 소금창고

행복을 전해주는 삶속의 비타민같은 책

누구나 인생을 살다보면 뜻하지 않게 어두운 터널을 지나게 된다. 때론 희망을 갖기에 너무 힘들어 포기하고 싶을 때도 있다. 이 책은 우리에게 터널을 지나고 나면 밝은 빛이 있다고 얘기한다. 언제나 인내와 희망의 빛을 놓지 말라는 메시지가 담겨있다.

−이경애 교보문고 북마스터

김태광 지음/값 9,500원

희망의 소금창고

희망을 전해주는 삶 속의 비타민 같은 책

도중에 포기하지 말라. 망설이지 말라. 최후의 성공을 거둘 때까지 밀고 나가자.

우리는 다시는 살 수 없는 인생을 살고 있습니다. 저마다 맡은 역할은 다르지만 어느 하나 소중하지 않은 역할이란 있을 수 없습니다. 우리는 먼 훗날 삶의 뒤안길에서 자신이 걸어온 발자취를 뒤돌아볼 때 후회하지 않도록 살아야 합니다. 그러기 위해서는 진실하고 가치 있는 삶을 살도록 부단히 노력해야 합니다.

나카지마다카시 지음/값 9,900원

이상하게도 하는 일마다 잘 되는 사람들의 노하우

허물을 벗지 못하는 뱀은 죽듯이 인생은 매순간 선택의 연속이다.

- 정확한 판단은 어떻게 해야 하는가?
- 흔들림 없는 결단을 위한 방법으로 어떤 것이 있는가?
- 최상의 의사결정을 하기 위한 합리적인 과정이란 무엇인가?

이 세상 모든 일이 기회라고 생각하는 사람이 있는 반면 전부 위험이라고 여기는 사람이 있다. '아무도 한 적이 없다'고 할 때 이것을 기회라고 판단하는가, 위험이라고 판단하는가에 따라 성공은 좌우된다.

권오양 지음/값 11,800원

도전의 시대

도전의 시대 남보다 먼저 해야 성공한다

**이 책은 멋진 인생을 고민하는 이 시대 모든 이들에게
운수 좋은 뜻밖의 발견이 될 것이다.**

미래는 아무도 확신할 수 없다. 진정으로 용기 있는 사람은, 스스로의 생각과 능력을 믿고, 기꺼이 새로운 도전을 받아들이는 사람이다. 자기 자신을 믿고 용기를 내어라.

백선경 지음/값 9,500원

내 삶의 전부를 눈물로 채워도…

세상이 버린 그 길 위에서 나는 춤추련다

사랑은 말로만 하는 것이 아닙니다.
사랑은 내가 가진 모든 것을 상대에게 던져줄 때 비로소 완성되는 것입니다.
사랑은 가슴으로만 하는 것이 아닙니다.
사랑은 상대가 가진 모든 것을 받아줄 때 비로소 이루어지는 것입니다.

기하라 부이치 지음/값 10,000원

우리 집에 놀러 온 7명의 괴짜 천재들

**인간의 모든 삶의 영위는
결국 참되게 잘 살기 위한 궁리인 것이다.**

왜 철학이라는 것이 있으며, 왜 사람들은 철학서를 읽는 것인가?
그건 오래 살던 짧게 살던 중요한 것은 참되게 잘 살기 위함이다.
즉, 삶에 대한 진지한 자세와 관심이 곧 철학인 것이다.

한국간행물윤리위원회 추천 권장도서로 선정